美唄鉄道はこの時代には三菱鉱業の鉄道部門として主に三菱美唄炭鉱の石炭輸送を担い、1972年に廃止となった。私鉄ながらE級タンク機を運用していたという点で極めて特異な存在で、写真の4122は国鉄より4110形の払い下げを受けたものだが、同形で自社発注した機関車も在籍した。坑木を輸送する長物車・無蓋車のあとに客車が5輌も連なっている。　　　　　　1959.7.26　美唄付近　P：J.ウォーリー・ヒギンズ

雄別鉄道は釧路から雄別炭山まで延びていた炭鉱鉄道で、1970年に廃止となった。写真の8721は国鉄から払い下げを受けたもので、本文62頁ではデフなしの姿であるのに対し、5年後のこちらはデフ付きとなっている。　　　　　　1959.7.25　釧路　P：J.ウォーリー・ヒギンズ

3

札幌市電は昭和20〜30年代はまだ発展期と言える状況で、鉄北線の延伸などで拡大しつつあった。写真は現在の電車事業所前の情景で、道路は未舗装、車道を子どもが堂々と歩いている。電車は戦後に汽車会社が製造した550形558で、後に路面ディーゼルカーD1010形の電車化改造時に機器を供出する形で廃車となった。　　　　　　　　　　　　　　　　　　　1959.5.24　廟塔前　P：J.ウォーリー・ヒギンズ

函館市電も昭和30年前後に最後の延伸開業を行っており、この時代は黄金期と言えた。写真は1978年に廃線となった本線・ガス会社前〜五稜郭駅前間に含まれる鉄道工場前電停で、国鉄五稜郭工場の最寄りだった。電車は単車の300形で、1971年まで活躍した。

1959.7.25　鉄道工場前　P：J.ウォーリー・ヒギンズ

函館駅で青函連絡船「洞爺丸」の車輌甲板に
貨車積込み作業中の9600形。陸地と連絡
船を結ぶ可動橋上に重い機関車が直接に載
らないように数輌の控車が機関車と貨車の
間に連結されていた（8月24日撮影）。

半世紀前の北海道私鉄へ

　ちょうど50年前の昭和29（1954）年8月、私は北海道のローカル私鉄めぐりをした。全行程19日という生まれて初めての長旅であった。

　当時、すでに『鉄道ピクトリアル』『鉄道模型趣味』などの月刊鉄道雑誌が発行されていたし、鉄道友の会も発足していたが、鉄道についてのシステマティックな情報が極めて少ない時代であった。国鉄や大手私鉄の新線開通や新車などについては知ることができたが、ローカル私鉄の情報などはほとんどなく、現地へ行ってみて、初めてその実態を知ることができた。

　昭和20年代は、鉄道趣味の歴史の上では、各地の有志が中心となって結成した鉄道同好会の活動が華やかに繰り広げられていた時代であるが、各地のキメ細かい情報は全国的な市販誌よりもこれらの同好会の会誌のほうが優れていたといってよかった。

　私は会員ではなかったが、東京鉄道同好会（主宰：高松吉太郎）の機関誌『Romance Car』（以下、RCと略す）にしばしば発表された、中川浩一さんの関東甲信越や東北地方のローカル私鉄めぐりは、大変魅力的であった。それまでほとんど知られていなかった各地のローカル私鉄の実態（といっても、どんな車輛が活躍しているか、という事実の記述であるが）が明らかにされてゆく独特の紀行文体の報告を会員の友人から会誌を借りてむさぼり読んだ記憶が鮮明に残っている。

　当時の私はといえば、大学入試に失敗して2年間にわたる浪人生活のさなかであり、とても旅行どころではなかった。それだけに、未知の私鉄から私鉄を訪ね歩く中川さんの行動は大変うらやましくもあり、これこそ鉄道趣味の醍醐味であるとして、憧れの対象でもあった。それでも昭和28（1953）年に何とか大学入学を果たし、学生生活にも慣れてくると、その憧れを実行に移すことを考えるようになった。こうして、昭和29年の夏休みを利用して、それまでほとんど紹介されていなかった北海道のローカル私鉄めぐりを思い立っ

旭川電気軌道は現在もバス会社として盛業中だが、鉄道事業としては1973年1月1日付で全線廃止となった。東川線と東旭川線の2系統あり、多くの部分が併用軌道とされていたが車両は路面電車タイプではなく、性質的には近郊電車であった。写真は戦後の日本車輌製のモハ102が2両の貨車を牽く混合列車。

1957.5.23　東川学校前　P：J.ウォーリー・ヒギンズ

十勝鉄道は現在も運送業として存続している会社だが、1977年までは自社路線での鉄道営業を行っていた。帯広大通駅を起点に762mmと1,067mmの2種類の軌間で路線を延ばし、主な積荷は親会社である日本甜菜製糖のビート、そして旅客営業も行っていた。写真は762mm軌間の区間において、日立製DC2が客車・貨車3両を牽く姿。　　　　　1959.8.1　帯広大通　P：J.ウォーリー・ヒギンズ

今は「じょうてつ」というバス会社となった定山渓鉄道。鉄道路線は1969年に廃止となっている。写真は運輸省規格型のモ802を先頭に、後尾にはクロ1110・モロ1100という二等車も連結して堂々たる5連を組成した列車。　　　　　1957.5.25　定山渓　P：J.ウォーリー・ヒギンズ

た。白井茂信さんなどから断片的ではあったが現地の情報を教えてもらい、『時刻表』と首っ引きで旅のスケジュールを考えて、結局合計19日という長旅の日程が出来上がった。

当時の北海道は炭礦鉄道の全盛時代であった。地方鉄道として一般営業をしているものと、専用鉄道があり、後者もその多くは便乗扱いで旅客輸送をしていた。もちろん炭礦とは関係のない鉄道もたくさんあったが、厚真軌道とか、早来軌道といった極小規模な鉄道はすでに廃止されてしまっていた。根室拓殖鉄道などはかろうじて残っていたが、これもその2年後には消えてしまった。都市の路面電車は旭川、札幌、函館にあり、都市郊外鉄道では旭川電気軌道と定山渓鉄道とがあった。私が訪問したのは、これらのもっぱら一般営業をしていた鉄道のほとんど全部（それでも北海道拓殖鉄道と三菱大夕張鉄道は日程の関係で行くことができなかった）とごく一部の専用鉄道であり、当時無数にあった森林鉄道や北海道殖民軌道は訪れる機会がなかっ

筆者が旅行中持ち歩いた『時刻表』昭和29年7月号。

「洞爺丸」船上より見た、函館桟橋に接岸中の青函連絡船「羊蹄丸」。これらに「大雪丸」「摩周丸」を加えた4隻（昭和22〜23年竣工）が当時の旅客用連絡船の主力（8月24日撮影）。

た。非電化の鉄道が大部分で、ディーゼル化はまだご
く初期の段階であったから、動力の主力は蒸気機関車
であった。蒸気機関車が長い石炭列車を牽き、その一
部に少数の客車がつながれているといった混合列車が
主力となっていた。

なぜ北海道になったかというと、私は昭和19(1944)
年から23(1948)年まで、父の勤務の関係で北海道の
苫小牧に居住していた経験があり、その当時の友人に
も会いたいと思ったし、父のコネを利用して、いろ
ろな便宜をうることもできたからである。

この北海道旅行は、期待通り、いや期待以上の満足
感を私に与えてくれた。私はそれ以後、ローカル私鉄
の探求にのめりこんでゆき、翌年3月には、同じく19
日にわたる九州のローカル私鉄めぐりを決行すること
になる。そして、はじめ大学では工学部機械工学科に
入学した私が途中で地理学専攻に変わるという人生の
大きな転換をした原因の一半もこの旅行にあったので
はないかと思う。

旅行中に観察したことは、手帳に克明にメモしたし、
機関区などで書類を見せてもらったときは、大学ノー
トに写し取った（コピーなどない時代である）。この手
帳とノートは今でも大切に保管してある。これを元に
して、旅行からあまり時間のたってない時期に、その
記録を紀行文風にまとめてみた。父の下書き用紙の裏

旅行中の観察事項と金
銭支出をメモした手帳。

支笏湖畔。苫小牧から登ってくる王子製紙山線と札幌直通の中央バスのターミナル付近。湖の対岸に恵庭岳が遠望できる（8月22日撮影）

8／10〜11 羽幌炭礦鉄道

8／11 天塩鉄道

8／19 三井奈井江専用鉄道

8／19 三菱美唄鉄道

8／10 留萠鉄道

8／13 士別軌道

8／9 寿都鉄道

8／14 日本甜菜製糖
磯分内製糖所

8／12 旭川市街軌道
8／12 旭川電気軌道

8／18 芦別森林鉄道

8／18〜19 三井芦別鉄道

8／20 苫小牧

8／15 雄別炭礦鉄道

8／16 根室拓殖鉄道

8／17〜18 十勝鉄道

8／20 北海道炭礦汽船
夕張化成工業所

8／20 夕張鉄道

8／8 南部鉄道

8／17 雄別炭礦鉄道
尺別専用線

8／14 雄別炭礦鉄道埠頭線

8／15 北海道植民軌道雪裡線

8／15 釧路臨港鉄道

を利用して書きとめたものであった。別に発表する当てもなく、まとめたのであるが、昭和30（1955）年と31年に私が、留萠鉄道と羽幌炭礦鉄道、根室拓殖鉄道について、『鉄道ピクトリアル』誌に発表したものは、多分この下書きを資料として書かれたものと思う。その後、この記録はいったん行方不明となり、昭和40年代になって書類の山の中から発見されて、懐かしく思い、なくさないようにファイルに綴じこんだ。この下

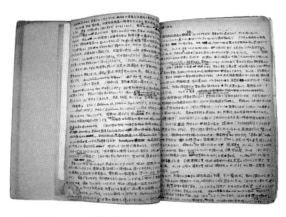

旅の記録をまとめた紀行文素稿のファイル。

書きの記録はその後ずっとファイルの中に再び忘れられた存在となっていたが、昨年、『Rail Magazine』誌編集長の名取紀之さんとの雑談中にこの話をしたところ、「一度見せてもらえませんか」ということになって、ファイルをお貸ししたところ、これを撮影した写真とともに本にしたいというお申し出があった。半世紀前の学生時代の未熟な紀行文をいまさらと思ったが、「なかなか臨場感のある文章です」などとのおだてに乗って、結局このような出版となった。

　自分の見た車輌を観察して、その形態と番号、メーカー、製造年などを記しただけの稚拙な文章であり、半世紀前の鉄道写真が貴重であるといえばその通りなので、記録写真（それも人間の生活がほとんど入っていない車輌だけの写真が多い）の添え物として読んでいただければ幸いである。車輌の形態と履歴の調査だけに関心を集中していた当時の私のファンとしての生態も、この記録によく現れていて、当時の鉄道趣味の実態の一端がよく表現されているように思う。

　本文中には、当時のファンの用語で今ではまったく死語になってしまった言葉や現在とは異なる駅名なども出てくる。これは欄外に注の形で説明を付した。

まずは南部鉄道

　8月7日12：05時、Y、N、T3君の見送りを受け、東北本線青森行113レで上野を後にした。牽機はC6223〔白〕で、オハフ3358の一隅に席をとった。

　翌8日4：34時、盛岡に着く。上野からの所要時間は実に16時間半、ここで下り急行「北斗」（205レ）に追い抜かれるために41分も停車する。ちなみに「北斗」は常磐線経由での上野一盛岡間の所要時間は9時間53分だったから、各停の113レとの差は大きい。

　向い側のホームには山田線の平津戸行列車が停っていた（注1）。まだ機関車は連結されていなかったが、編成は、オハニ25708＋オハフ6184＋スユ3011＋ト＋ワム×3＋トラ＋スムという混合列車であった。盛岡工場に古典ロコらしきものが見えたので、カメラ片手にスッとんでいってみると、2126、2218といったありふれたB6形だったのでがっかりした。駅構内にはホエ7055、ホハユ3250といった雑形古典客車や近頃方々で見ることのできるナエ17100形救援車（ナエ17150）が留置されていた。木造客車の鋼体化改造（注2）がはじまってもう5年になるのに、地方では雑形、基本形など、まだまだ見ることができる。

　5：15時、やっと盛岡を発車する。奥中山の急勾配区間に備えて、牽機はC51234＋D51886の重連であった。次の厨川駅には全長6メートルほどの恐ろしく小さな動輪をもつC型タンク機が赤錆びていたが、どこから

南部鉄道ハフ2　昭和初期に日本車輌東京支店が全国ローカル私鉄に大量に供給したガソリン動車を付随車化。昭和4年製。　　　　　五戸駅

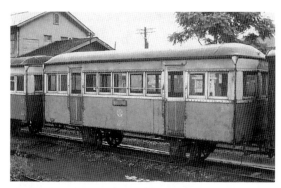

南部鉄道ハフ103　昭和5年日本車輌東京支店製ガソリン動車を付随車化したものだが上のハフ2よりもやや大型だった。　　　　　五戸駅

来たものだろうか。岩手・青森県境を越える頃から雨が降り出した。

南部鉄道ナハ53　もと国鉄の中型基本形客車ナハ13539（13530形）。前身はナハ12500形？で第二次大戦中に通勤用に改造、中扉を設けた。　　　　　五戸駅

南部鉄道キハ40002　もと国鉄のガソリン動車キハ4001で、主機関なしの付随車として昭和24年に購入したが、昭和25年に日野自動車製のバス用ディーゼル機関DA55（85馬力）を搭載してディーゼル動車として再生した。
尻内駅

　9：13時、尻内（注3）に着いたが、雨は一向にやまない。仕方がないが予定通り南部鉄道を見ることにする。矢印に沿ってブリッヂを渡るとうす汚ない小さなホームがあって関西湘南色の坂田式塗分（注4）をした気動車が乗客を待っていた。キハ40002、いわずと知れた国鉄キハ40000形の更生した姿だが、ロングシートに改造されていた。

　9：25時発車、左へ大きくカーブしてもう黄色くなった稲田の中を飛ばすがあまり速くはない。七崎という駅を過ぎるとがぜん急勾配となって30.3と書いた勾配標が各所に見られる、出力85馬力気動車にはかなりきつい勾配である。

　車庫は終点の五戸にある。あいにく日曜日とあって書類などは見せてもらえなかったが　駅長さんが親切に検車の主任さんに紹介して下さった。ロコはRC24号中川浩一氏の「みちのくへ（2）」にもある通り　C400、401という2輌のCタンク機。丁度C400は福島の協三工業に検査に行って留守でC401のみ車庫にあり、ブレートは昭和21年5月立山重工業製なることを示していた（前にRCによればC400は昭和21-6製とある）。主任氏の話によれば外にC319なる機関車があったが、

昭和23年頃茨城交通に売った由。

　このC400、401は近頃は余り動かさないそうでそれに代るのはDB251なるL型ディーゼルロコである。日本車輌本店昭和27年5月、製造番号No.1585で220馬力の舶用グレイマリン機関を取付けている。ディーゼルカーにはキハ40001、40002、41001の3輌がある。国鉄旧番号はRCによればそれぞれキハ40006、40011、41094であり、40002では室内に残る旧番号を透視によって確認できた。

　附随車はDB251の牽引する列車に用いられる。ナハ53は旧国鉄ナハ13539（13530形）で、53という番号は百位と十位の数字を残したものに外ならない。ずいぶんいいかげんな改番をしたものだ。「24-9盛岡工」の検査票がそのままだから払下げはそれ以降と思われる、3扉サイドシート車、大正9年川崎造船製の木造中型基本形客車である。ハフ1、2は昭和4年日本車輌支店製で日車支店標準型として全国でみられる単車のガソリンカーを附随車化したもの、1はグリーンに塗装され、2は物置化されて茶色の塗色である。ハフ103、105も旧ガソリンカーで103が昭和5年、105が昭和8年の各日車支店製の単車、塗色はブルーとクリームの塗

28.7.1改正										尻　　内　—　五　　戸		連	（南部鉄道）気動車併用							
735	805	925	1140	1410	1545	1645	1745	1910	粁	円	発尻内国着	707	728	849	1038	1323	1435	1528	1729	1853
805	852	955	1210	1440	1615	1732	1815	1940	12.3	60	着五戸発	625	700	818	1010	1255	1350	1500	1658	1825

日本交通公社発行『時刻表　昭和29年7月号』より転載（以下時刻表は特記以外全て同様）

分けてある。この番号は末尾の数字を現在のハフ1、2とそろえたもので104がないのは私鉄によくある忌番号で欠番したもの。以上が現在の南部鉄道の全車輌で木造単車がいないのには一寸がっかりした。駅長さんが次のDB251に添乗して行ったらと言って下さったが、予定がつまっているので謝辞してまたキハ40002で山を下った。あとで思えば残念なことをした。

いよいよ北海道へ

　尻内から13：36時発の準急青森行209レに乗った。相変らず雨の降る中を15：47時に青森着、駅本屋のある東口とは対照的にうら淋しい西口に降りて青森営林署の機関区に行った。日曜だから勿論係の人はいず、話を聞いただけだったが蒸気機関車は4輌あり、現在はディーゼル機関車に押されて全く使用されていないという。帰りに寄るつもりだったが、とうとう行く機会がなく惜しいことをしたと思っている。

　青函連絡船の出航時刻20：25時までホームの戦災復旧車スニ72形、75形、マニ71形などを調べてひまをつぶす。連絡船は臨時便で第12青函丸だった。青函戦時標準船（W形）の8番船で、21年5月浦賀船渠で竣工した。青函ナンバークラスのラストにあたる。総屯数3128G/T、蒸気タービン4600馬力、航海速力15.5kmでもともと貨車航走船であったものに上甲板に客室を追加した改造型だから3等定員のみの176名というささやかなもの。座席が案外すいていたので函館着までぐっすり眠れたが、0：55時定刻に函館へ着くなり、又雨の降る町にほうリ出されてしまった。

　朝までどうやって過そうかと思案していたら、連絡船を下りた一団の乗客が真暗い街を進んでゆくので、後をついて行くと、間もなく、簡易宿舎、いわゆるドヤに入っていった。一緒に宿泊することになり、といっても毛布を1枚もらってタタミの上に全員ゴロ寝である。1泊の宿泊料は60円であった。ラーメン1杯分である。さすがに安いが、待遇からみてもそんなものだろうと思った。

函館本線の駒ケ岳越え急勾配区間を走る区間列車（森→軍川140レ）。C12 228＋ナハフ24506＋スハニ6210（8月24日撮影）。
赤井川駅

長万部機関区で御召し列車牽引機として整備中のC 57 57（小樽築港機関区所属）。磨きたてられた機関車を見守る職員もピカピカの正装である

　8月9日、夜が明けてもまだしとしと降っている函館の町、早く晴れることを念じながら旭川行11レオハ6264の一隅に腰を下ろした。連絡船への貨車積込のため9600形が走りまわっているが、申し合わせたようにデフレクターをつけている。その取付け方、形状も1種類ではない。江差線木古内行の19675（大正7年川崎造船製）の牽く混合列車751レの発車後10分で、私の11レも6：15函館を後にした。牽機はD51だが本線列車は余り興味がないのでナンバーを調べなかった。

　大中山から軍川へは相当の勾配でさすがのD51形もあえぎあえぎ登って行く。この先の軍川－森間の駒ヶ岳越えは函館本線最大の難所で昭和20年、迂回線たる砂原（さはら）線が開通するまでは補機を2輌もつけて登らねばならぬところだったそうだ。現在では下り普通直通列車は1列車を除き全部砂原線を周り、急行準急などは駒ヶ岳越えの本線経由であるが、上り列車となると直通はすべて砂原線回りとなっている。これは森－姫川間の急勾配が上りの直通を拒んでいるわけだ。区間列車には何を使っているか興味を持っていたが、軍川でC12228〔五〕が鋼体化客車と、木造客車各1輌を牽いてホームに客を待っていたのは意外だった。急勾配一軽量列車－C12、一寸した三題噺である。

　折から国体への御臨席を兼ねて北海道御巡行中の両

陛下の御召列車に先行したので、奉迎のため森、八雲といった附近の中心地に集る人で列車はしばしば満員となる。山崎では八木開墾地とかいう農場用のディーゼルロコ（グリーン塗色）があり、国縫には瀬棚線用と思われるC11121〔万〕が見られた。長万部では御召列車牽引機としてC57 57〔築〕（昭和13年川崎重工製）がきれいに御化粧してお着きを待っていた。

　長万部から牽機はD51492に替わった。天気はすっかり晴れ上って喜んでいたが、列車が長万部を出て山の中に入ると又も雲に覆われ、その日の目的地黒松内駅に着いた時は今にも降りそうな空模様に逆もどりしていた。

寿都鉄道を訪ねる

　寿都鉄道のホームは国鉄と同じ並びだが屋根もないみすぼらしいもの、ここにもＬ型ディーゼル機関車DB501があり、その後にハ2とハ6という古典2軸客車と沢山の貨車が続いていた。客車の座席配置が面白かったので折尺で寸法を計測した。10：55時発車、雨続きで濁流渦まく朱太川に沿ってこの長い列車は牛の歩みのようにのろのろと走る。雲が低くたれこめ、対岸の山々は麓の部分だけしか見えなかった。40分も走

ると右側に海が見えてきた。

　車庫は終点の寿都にあり、古典機関車、客車のファンには捨て難い多くの車輌が構内にずらりと並んでいる。

　どんよりと雲が低くたれこめた天候のせいもあったかもしれないが、日本海に臨む寿都は暗い活気のない町という印象だった。むかしはニシン漁で栄えた町であったし、周辺には鉛・亜鉛の鉱山もあると聞いた。渡島半島の日本海側の町の多くは、山地が海岸に迫り、やや水量の多い川の河口に開けた小規模な平地・河岸段丘に人家が集中している。

　半島を縦断して建設され、幹線鉄道を形成した北海道鉄道（現在の函館本線）は噴火湾岸や内陸の河谷沿いに建設されたので、日本海岸の町は、町ごとに河をさかのぼるローカル鉄道をつくって幹線鉄道との結びつきをはかった。江差、瀬棚、寿都、岩内など、みな同じやり方である。このなかで自ら資金を集め、自力

8／9
寿都鉄道

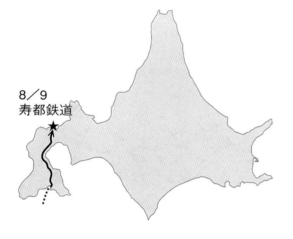

▲寿都鉄道DB501＋ハ2＋ハ6＋有蓋貨車×2＋無蓋貨車。当時の北海道でも明治期の木造二軸客車を用いていた列車は珍しかった。　　黒松内駅

◀▼寿都鉄道キハ1と同車の偏心台車　成田鉄道のディーゼル動車として誕生し、同鉄道廃止後は東武鉄道野田線のクハを経て寿都鉄道が最後の活躍の場となった。　　黒松内駅

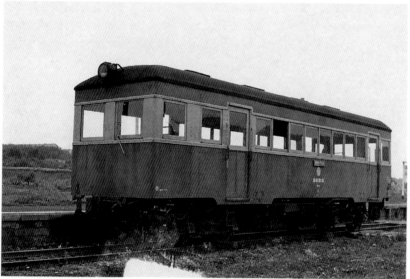

で私鉄を建設したのは寿都鉄道だけで、大正9(1920)年に黒松内—寿都間を開業した。他の町はいずれも国鉄線を誘致した。その頃の寿都の経済力の高さがわかる思いがする。

時間の関係でデータなどを写せなかったが、かってこの鉄道は古典ロコの宝庫だったと聞いていた。しかし現状は蒸機わずかに2輌で、そのうち1輌は冬期のラッセル推進用として無火で機関庫に押しこまれていた。7205は極く最近入ったというモーガル型(1C型)で最終列車1往復にはこの車が出動する由、機関庫内の9046は現在は使われていない。東京で聞いたところによると初代9046はすでに廃車され、雄別炭礦鉄道より9046なる同番号の車が売られて2代9046になっていると聞いたので不思議に思っていたが、係の人の話によると次のようなものであった。

「25年、寿都鉄道は国鉄から9046、9047の払い下げを

29. 5. 1 改正　**黒松内——寿都** ㊊ (寿都鉄道)

600	930	1055	12 20	1335	16 15	18 55	19 20	↓	粁	円	発黒松内㊖	↑	535	840	900	1015	13 02	15 15	15 55	18 15
616	946	1111	12 36	1346	16 26	19 12	19 36	│	3.9	20	〃中ノ川発	│	519	824	847	959	12 51	15 04	15 39	17 58
641	1011	1133	13 01	1402	16 42	19 33	20 01	│	9.9	60	〃湯別〃	│	454	759	825	934	12 35	14 48	15 14	17 39
649	1019	1145	13 09	1412	16 52	19 44	20 09	│	13.3	80	〃樽岸〃	│	446	751	812	926	12 25	14 38	15 06	17 27
700	1030	1155	13 20	1422	17 02	19 55	20 20	↓	16.5	100	着寿都発	↑	435	740	800	916	12 15	14 28	14 55	17 15

上表の他　寿都行樽岸発 720　追分発 730　寿都発追分行 705

寿都鉄道7205 北海道炭礦鉄道生え抜きの機関車で一生を北海道で働き続けた。定山渓鉄道の開業とともに国鉄より譲渡され、さらに昭和27年に寿都入りをした。1891年Baldwin製で典型的なアメリカ型機関車といえよう。
　　寿都駅

寿都鉄道オハ8518 明治42年新橋工場製の三軸ボギー客車であるが、実は東海道線の最急行列車に組み込まれたこともある一等車がその前身である。第二次大戦中に通勤用に改造されて中央扉を開けられたが、昭和27年にこの客車を譲り受けた寿都鉄道では塞いでしまった。
　　寿都駅

寿都鉄道7205 北海道炭礦鉄道にはBaldwin製機関車が多かったが、1891年製のこの形は同鉄道初期の標準型であった。 寿都駅

受けることに予定していたが、9047は払い下げの寸前事故を起してしまったので、9046だけを購入した。この機関車は28年8月廃車解体された。その後雄別炭礦から機関車の譲渡を受けたがその番号が偶然9046だったのでそのまま使用しているのが現在の9046である」

雄別の9046がどんな車なのかその時知っていたら少しおかしいなと気付いたのだろうが、その時はそのままにしてしまった。Baldwinの機関車というのはロッドの刻印などないのが多いので一度銘板が失われると、番号の振替でもある場合始末におえなくなる。ここの2輛とも銘板はとっくの昔になくなっており、僅かに9046の缶焚口に缶の性能（常用圧力160ポンド）を示すものが見出されただけだった。9046は空気圧縮機をつけていた。これはラッセル用に使われるのだろう。テンダーやキャブのナンバープレートはなく、ペンキ書きであって現在の番号の下にも9046という別の文字が見出されたが、暗い所で見たので確信はない。

時代の花形のディーゼル機関車は先述のDB501というL型で汽車会社、昭和27年、製番23。近頃はあちこ

ちの小私鉄、専用線で見られる型である。

気動車は現在1輛で貨車のない列車はこの車輌が単行で運転されている。キハ1というが、これがRC24号の「東武ノート」（岩塚良一）で報告されている西新井工場に長いこと放置されてあったキサ11であり、その前身は成田鉄道（1067㎜線）のジハ301という片ボギー車であった。昭和27年11月カテツ交通で更新の上、寿都入りしたものだが、湘南色の塗分はこの鉄道には一寸どぎつい。

機関庫の中に妙なものを発見する。相模鉄道とおぼしきマークを持ったボロボロの二軸客車で昭和7年日本車輌東京支店製の銘板がある。室内にも鋼板にも101という文字が読めた。着いたばかりの由で係の方の話では要領を得なかったが、帰京して聞いてみるとこの4月頃まで厚木に放置してあった相模鉄道のキハ101であることがはっきりした。

木造客車に目を転ずると、ハ2は「鉄作新橋」明治37年の銘板を台枠に持つ車で室内は2室に区切られ、そのシートからも昔は2等車であったことが推定でき

寿都鉄道ハ4 開業時に国鉄ハ2357（もと参宮鉄道、明治22年平岡工場製）を譲り受けた。扉の位置は寿都鉄道譲受後の改造らしい。 寿都駅

寿都鉄道ニ1 昭和11年に国鉄ニ4306（もと日本鉄道、明治39年大宮工場製）を譲り受けた。製造時の原型を保持していた。 寿都駅

た。果たせるかな台枠からはロ439、車体からはロ2の文字が透視された。前者は国鉄での番号、後者は寿都入線当初の番号と推定される。ハ4は明治22年平岡工場製の銘板のある客車。ハ6は1902年大阪汽車製造合資会社の銘板が室内にある。トルペード式ベンチレーターをつけている二軸客車はこの車だけ。ユニ1は銘板がないが台枠からも車体からもハ3という文字が透視されたのでこの車がハ3からの改造車であることが明らかになった。ニ1は最初から荷物車らしく、窓が1つしかない貨車のような車輛で、日本鉄道大宮工場

明治39年製を示す銘板がある。オハ8518は3軸ボギーの大型車で明り窓のあとなどあって、元々は優等客車であったことが想像された。車体に札ムロ、の文字、「24-11五稜郭工」の検査表も残っており、寿都入線はそう古いことではなく27年5月の由。室内はクロス、サイドシートの混合で、銘板はどこにも見当らなかった。この他に樽岸駅においてあって写真だけ撮ったハ1、ハ5（詳しい調査はできなかった）などがこの鉄道の客車の全部である。面白いと思ったのは客車の定員が夏と冬では違うことであり、他の北海道の鉄道で

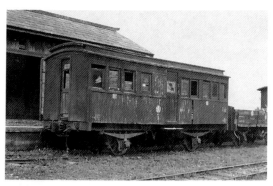

寿都鉄道ハ1 開業時に国鉄ロ435（もと鉄道作業局、明治36年新橋工場製）を譲り受け、のちに改造してフロハ1として中央扉を開けた。樽岸駅

寿都鉄道ハ5 昭和5年に国鉄フハ3319（もと北越鉄道、明治31年新潟鐵工所製）を譲り受けた。原型では右端にも扉があった。　　樽岸駅

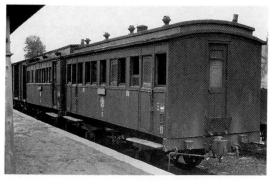

寿都鉄道ハ2（国鉄ロ439、もと鉄道作業局、明治36年新橋工場製）＋ハ6（国鉄ハ2398、もと参宮鉄道、明治21年平岡工場製）　　寿都駅

寿都鉄道ユニ1 開業時に国鉄ハ2356（もと参宮鉄道、明治27年平岡工場製）を譲り受けてハ3としたが、昭和28年に改造された。　　寿都駅

寿都鉄道キ32 昭和26年に国鉄から譲り受けた木造ラッセル車で、番号は国鉄時代のまま。明治45年札幌工場製。　　寿都駅

寿都鉄道キ32 アメリカから輸入されたラッセル車をコピー生産した初期の国産ラッセル車の数少ない生き残りであった。　　寿都駅

湯別駅で発車を待つ寿都鉄道キハ１ 一応の本屋もある駅であったが、すでに列車の行き違いはできなかった。それでも閉塞区間の切り替え駅で、駅長さんがタブレットを持ってホームに現れた。

も同様であった。冬には座席の一部をはずしてストーブを置くためらしい。なお中川浩一氏の教示によると二軸客車は何れも国鉄二軸客車の払い下げでハ１～６、ニ１の旧番は夫々ロ435、439、ハ2356、2357、3319、2398、ニ4306であるという。

一通り見て、14：28時寿都をあとにした。キハ１の単行であった。寿都鉄道の列車は交通公社発行の『時刻表』によると直通８往復もあることになっているが、実際にはバス運行を含んでいるので列車はもっと少ない。樽岸駅のはずれに客車２輌がボロボロの状態で留置してあった。機関士に頼んで発車を少し待ってもらい、客車の位置に走り、ハ１とハ５の写真を撮ってから列車にかけ戻った。

黒松内駅で約１時間の待合わせ。16：10時函館本線505レ到着、次の目的地に向った。この列車は旭川駅で稚内行、網走行に分割され、札幌－北見間は準急になるという北海道独特の分割・併合、一部区間で列車種別を変更する列車である。準急区間は夜行列車であり、乗車率はすこぶるよい。

うっかりスハ32 360に乗ったのが運のつきて、あの細い間柱では窓側に座って頭をもたせる場所がなくて全く眠れなかった。同席した人とカメラ談義に花を咲かせて翌日０：03時深川駅到着、翌朝発の留萌本線に乗るべく下車した。

留萌鉄道

駅の待合室で一夜を過ごすのもよいが、もっと静かな場所はないかと探し、ホームに留置中の留萌本線の列車の客車内に入って横になった。５時ごろ起きて、洗面を使い、改札開始とともに列車に戻った。

８月10日、6：05時発留萌本線721レは深川駅を発車すると大きな右カーブを画いて函館本線と別れ去る。列車編成は49622〔深〕を牽機として、セキ４輌のあとにマニ60204、スハユニ625、オハ6238、オハ6244、ナハユニ15378、ナハ23709、オハ6234、オハ3448と連結されていた。鋼体化客車を主力とする混合列車であった。

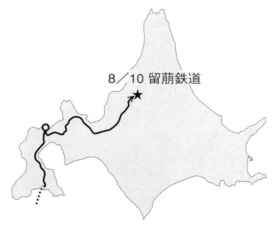

8／10 留萌鉄道

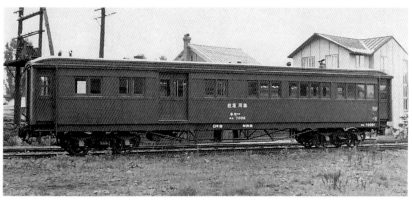

▲留萌鉄道ホハニ201とその台車　日本鉄道標準形ボギー客車（国鉄ホハ2213、明治35年大宮工場製）。恵比島駅

◀国鉄ホエ7006　雑形ボギー客車を改造した深川駅常備の救援車。

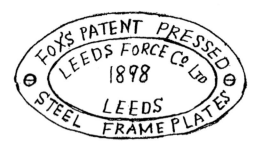

ホハニ201台枠取付け製造銘板のスケッチ。

FOX'S PATENT PRESSED
LEEDS FORGE Co. Ltd
1898
LEEDS
STEEL FRAME PLATES

ホハニ201台枠と台車の製造銘板スケッチ　特徴ある魚腹台枠とボギー台車は英国リーズのリーズフォージ社の製品で日鉄標準形客車共通。

　留萌本線の平坦線の終るところに留萌鉄道の起点恵比島駅がある。ホームを見渡した所、深川機関区恵比島派出所とカンバンのかかった1輛分のささやかな機関庫があり、ホームの外れにホハニ201という客車が1輛置かれてあった。日鉄大宮工場明治35年製で外側魚腹台枠というか、最外側の梁が眞中でふくらんでいる。台車・台枠に図のような銘板がついており、この同類は交通博物館にもマレー式機関車の下に陳列されているし、他の私鉄でもしばしば見受けられた。後に本社のデータを見せていただいてこれが国鉄ホハ2213で昭27年泰和車輌（札幌）で1/4を荷物室に改造の上留鉄入した車だと判った。日本鉄道の標準形客車で台枠とボギー台車をイギリスより輸入し、車体のみ国産したことがわかる。

　29615〔深〕が派出所から大きな図体を給水所に運んできた。聞けば、留鉄の列車は国鉄によって動かされ、深川区から出張してくる9600形が留鉄所有の客車を含

む混合列車を牽く。ただ朝夕計2往復のディーゼルカーだけが留鉄自身の手によって動かされているのだそうだ。間もなく上り列車が到着。ケハ502＋ホハフ2854の2輌編成でケハ502はクリームとグリーンに塗り分けられ、丁度キハ41000形をぐっと延したような印象を受ける。ドア間の窓が20箇もあるのだから正に狭窓オンパレード。足まわりはTR11をコロ軸にしたもので国鉄ナハ（番号不明）の台枠を昭和27年に泰和車輌でつぎ足したものという。羽後交通のキハ1がやはり客車の台枠流用と聞いているが、TR11をはいたディーゼル動車などはここだけかも知れない。ホハフ2854は昭和28年旭川同志社で修理の上留鉄に入った。明治41年大宮工場製の雑形客車[注5]であるが、日本鉄道国有化後に製作されたものですでに日鉄標準形の特徴はない。

　7：20時、ケハ502は単行で恵比島を後にする。車庫

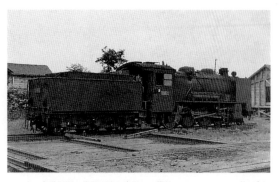

この日に留萠鉄道の貨物列車を牽引した国鉄29615。　　恵比島駅

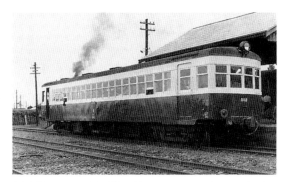

留萠鉄道ケハ502　客貨分離時に製作のディーゼル動車。　　恵比島駅

29.5.1 改正　**恵比島―昭　和** 🔁 気動車併用（留萠鉄道）

720	1210	1730	2055	粁	円	発恵比島着↑	710	916	1130	1945
730	1221	1741	2105	4.8	10	ク幌　　新発	701	907	1119	1934
746	1252	1810	2121	12.0	30	ク新雨竜ク	645	851	1100	1915
802	1310	1828	2137	17.6	50	着昭　　和発	630	836	1035	1850

上炎の他　昭和発1500　恵比島着1606

は終点の昭和にあると思って乗ったのだが、車掌氏に聞くとなんと恵比島で、派出所の横にある小屋の中にケハ501というもう1輌のディーゼルカー車が納められており、それに今まで見た車が留鉄のすべての車輌だという。それでは蒸機はと聞くと、昭和駅の明治鉱業にいるとの答である。やはり乗ってよかった。

　昭和駅はホーム1つのガランとした駅、鉱業所の機関区は更に200メートルばかり先にある。主任の方に見学を申し入れると心よく案内して下さった。東横電鉄から買った国鉄10形（B形）の15、17の2輌で、15にはクラウスの銘板がついており、17の方は竣功図、刻

留萠鉄道ホハフ2854　昭和28年に国鉄より譲り受けた雑形客車（明治41年大宮工場製）。譲受に際して旭川同志社で改修されたが原型を保持している。
恵比島駅

明治鉱業17　1889年ドイツKrauss製のB型タンク機（もと九州鉄道）。同形機の15とともに東京横浜電鉄の建設に用いられたのちに昭和6年に購入。

印よりおして2213と思われる。しかしこの位きれいに磨き立てた蒸機も珍らしい、御召機並であった。30分しか時間がないので写真をとり、データをコピーするともうディーゼルカーが発車する時刻だ。礼をのべて再びケハ502に乗車。9：16時恵比島に帰ってきた。直ちに先程見落したケハ501を見る。塗色はケハ502と同様やはり昭和27年泰和車輌製でナハの台枠利用というが、正面窓は4個ながらケハ502とは反対にこれはドア間窓10個で全長12メートルと大部つまっている。今で

は小型すぎて殆んど使用されないそうだ。泰和車輌が最初に手がけたボデー新製車だそうで鋼板はボコボコである。台車はTR25のホイールベースを縮めたようなこれ又形容のできないすごい軸バネ台車だった。

　一通り車輌を見たので本社を訪れる。データを写した後、留萌鉄道のいわれをうかがった、以前から不思議に思っていたのだが、社名は留萌鉄道ながら留萌にもなく、留萌支庁の管内にすら入っていない。この鉄道はもともとは恵比島駅を起点とし、昭和、新雨竜などの炭礦の出炭線である現路線と留萌港の臨港鉄道から成り、昭和5年に開業した。昭和16年にこのうちの臨港線が国鉄に買収されて現路線のみが残り、国鉄に列車運転を委託して現在に至ったのだという。従って昭和27年にディーゼルカーを入れて客貨物離するまでは留鉄自身の保有車輌は1輌もなく、わずかに明治鉱業の15、17号の両蒸機が車籍の上で留鉄に属していたのだそうだ。

明治鉱業17　昭和鉱業所の構内用であるが車籍は留萌鉄道。

（注5）明治42年制定の国鉄基本形客車以前に製作された客車の総称。一般にボギー客車を指し、鉄道作業局と明治39〜40年に国有化された17私鉄から引き継いだ客車、および少数ではあるが国有化と基本形客車制定との間に製作された客車から成る。第二次大戦後の客室鋼体化の対象とはならず、一部が救援車などとして数年間使用されたのちに解体された。

羽幌炭礦鉄道

　10：19時留萌本線711レが恵比島に到着。この列車で留萌に向う、牽機はやはり深川機関区の9600形で鋼体化客車ばかりの編成である。山脈を越して日本海側の斜面に出ると天気はがらりと変って日本晴に近い上天気になった。ひた走りした列車は11：09時留萌着。

　羽幌線51レは隣りのホームから11：18時の発車である。牽機は49672〔留〕、客車スハフ3278とナハフ14629の2輌を含む混合列車で、からの材木車と石炭車が主力である。羽幌線の留萌発車は一種のスイッチバック

国鉄49600の牽く留萌本線上り貨物列車が恵比島駅に到着。増毛行711レと行き違う。

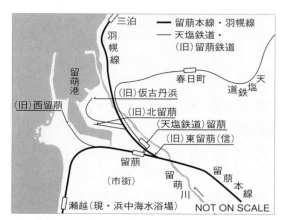

昭和29年頃の留萌付近の鉄道路線　留萌港は、もとは留萌川河口の温地帯であった場所を掘り込んで造られた。同時に留萌川の流路は港内への土砂の堆積を防ぐため東側に移されている。掘込港の両岸に留萌鉄道の臨港線が敷設され、西留萌、北留萌、仮古丹浜の3貨物駅が設けられたが、昭和16年の国有化とともにすべて留萌駅の構内扱いとなった。なお、「るもい」は地名としては「留萠」であったが、鉄道側は「留萌」と表記していた。留萌市がJR北海道に駅名、線名の表記を地名に合わせるよう要請した結果、平成9年4月から「留萌本線」「留萌駅」と表記されている。

で一旦深川方面にバックした後、東側の天塩鉄道ホームのわきを通って海岸に向う。

　力昼（りきびる）まではだいたい海岸に沿って北上するがそれ以北はやや山地に入ってトンネルもある。古丹別、羽幌などには林用軌道があり、古丹別ではL型の機関車が動いていて車庫らしきものも車窓から望まれた。小平と苫前で上り列車と交換したが、牽機は全部留萌区の9600形で客車は鋼体化と木造車と半々位、1列車に客車2～3輌の混合列車である。

　14：08時終点築別着（注6）。羽幌炭礦鉄道の機関区

8110の牽引する羽幌炭礦鉄道の混合列車　長い石炭車の編成の最後部に真っ赤に塗られた旧ガソリン動車改造の付随客車が連結されていた。下り勾配を走り切った機関車はほとんど煙はなく蒸気だけを吐きながら通過していった。
築別－五線間

力昼駅を発車する羽幌線51レ　空の材木車を主とする混合列車の最後
尾にスハフ3278とナハフ14629の客車2輌が連結されていた。

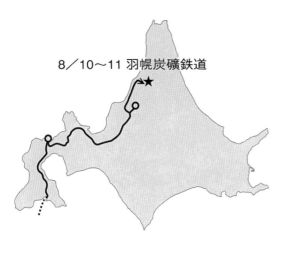

8／10〜11 羽幌炭礦鉄道

は山元の築別炭礦にあり、築別には派出所もなく、事実羽幌炭礦鉄道の車は１輌も見えなかった。羽幌炭礦鉄道の列車ダイヤは持参してきた『時刻表』７月号掲載の29年５月１日改正のものとは全く違っていて、６月21日改正とあった。上り５本（うち不定期１）、下り６本（うち不定期２）で、定期列車の運行時刻は次の通りであった。

■羽幌炭礦鉄道時刻表　（昭和29.6.21改正）

21	23	51	25		羽幌線接続列車		22	24	52	26
815	1139	1408	1842	着	羽幌線築別発着	発	925	1239	1520	1923
1	3	5	7		列車番号		2	4	6	8
840	1210	1540	1910	発	築別 ▲着		758	1128	1458	1828
49	19	49	19	着	五線	発	51	21	51	21
50	20	50	20	発		着	50	20	50	20
58	28	58	28	着	上築別	発	41	11	41	11
59	29	59	29	発		着	40	1110	40	1810
914	44	1614	44	着	曙	発	26	56	26	56
23	53	23	53	発		着	16	46	16	46
940	1310	1640	2010	着	築別炭礦 ▼発		700	1030	1400	1730

（羽幌炭礦鉄道業務用時刻表より）

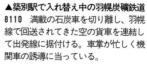

▲築別駅で入れ替え中の羽幌炭礦鉄道8110　満載の石炭車を切り離し、羽幌線で回送されてきた空の貨車を連結して出発線に据付ける。車掌が忙しく機関車の誘導に当っている。

◀羽幌炭礦鉄道ホハフ5　旧ガソリン動車キハ42015の主機関をはずしただけの状態で昭和27年に国鉄より譲り受け、付随客車として用いられた。
築別駅

　留萌炭田や宗谷炭田は、北海道の炭礦のなかでも石狩・夕張炭田とくらべると地味な存在て、出炭が本格化するのは昭和期に入ってからである。そのなかで羽幌炭礦は最も出炭量が大きい炭礦だった。

　留萌から日本海岸に沿って北に向かう羽幌線が最初の区間である留萌―大椴（おおとど）間を留萌線の名称で開業したのが昭和2（1927）年、昭和6（1931）年に独立した線区となって羽幌線となった。その翌年に羽幌まで延長開業したが、その後長い間ここが終点になっていた。昭和16（1941）年に一駅分延長して築別まで開業したが、これは羽幌炭礦鉄道の開業と同じ

12月であったから、炭礦の開発・出炭のための鉄道建設であった。

　駅の構内と駅前の集落をぶらぶらした後、14：58時到着予定の羽幌炭礦鉄道の列車をキャッチすべく駅から500メートルばかりの所でカメラを構えているとやがてカン高い汽笛に続いて白煙が見えてきた。正眞正銘の蒸気機関車である。1159、8110、8114、9042の4輌が在ると聞いてきたが、9042でもセキ列車を牽いてきたら、それこそ北海道炭礦鉄道の再現だと煙ばかりで仲々近づかないこの列車に勝手な想像を加えながら胸をわくわくさせていた。やってきたのは8110、Bald-

羽幌炭礦鉄道ホハフ5　車体もボギー台車もキハ42000形のままである。のち昭和33年に列車の客貨分離の際にディーゼル動車化された。　　　　　曙駅

win製のモーガル型機関車であった。ゆっくりとした速度で通りすぎる機関車に続いて石炭を満載した長い貨車の行列、そして、最後尾に意外なものを発見した。眞赤に塗った半流線型の20メートル車、ホハフ5、疑いもなくキハ42000形のなれの果ての姿である。駅へ戻っていろいろな角度から8110にシャッターをきった後、15：40時、ホハフ5に乗って築別炭礦に向った。

　終点築別炭礦の一駅手前の曙（あけぼの）駅で列車は9分間停車した。機関車もいったん列車から離されて、入換作業に入った。閑そうな車掌氏に質ねると、築別川の支流を少しさか上ったところに同じ会社の経営する曙礦というのがあって、回送してきた空の石炭

車を列車からはずして留置線にもってゆくのだという答であった。広い駅構内を急ぎ歩いて、ホハフ5とニ1の写真を撮影する。

　16：40時築別炭礦着、9042が入換に働いている、機関庫には8114がとまっていた。

　炭礦地帯というのは仲々やかましい所で炭礦所用地に出入りする時は案内所の許可を必要とする。東京から機関車を見に来たといったら係の人は信じられぬといった顔をしていたが、怪しいものでもないとみたか、すぐ許可をくれた。機関庫に行って現車に当り、データを拝見する。

　在籍機関車は8110（BW　No.15491―Sept.1897）、

◀羽幌炭礦鉄道ニ1　開業の際に国鉄苗穂工場で二軸客車の台枠を利用して製作されたといわれるフハニ101を荷物車に改造したもの。　　　　曙駅

28

羽幌炭礦鉄道8114　昭和24年国鉄より譲受。国鉄8100形は1897年Baldwin製、同形は20輛あって、もともとは官鉄の東海道線や信越線で働く勾配線用機であったが、大正期までに北海道に転じた。第二次大戦後に多数が道内の私鉄に譲渡されていた。
築別炭礦駅

羽幌炭礦鉄道8110　昭和25年に国鉄より譲渡。前年に譲受けた同形の8114とともにこの鉄道の混合列車を牽く主力機関車であった。同じく1897年Baldwin製。
築別炭礦駅

空の石炭車を主力とする羽幌炭礦鉄道の下り混合列車が築別炭礦駅に近づく。牽機は8114。列車の後尾にはいつもホハフ5とニ1が連結されていた。

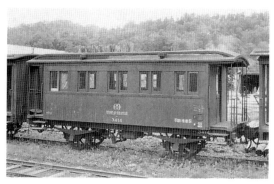

羽幌炭礦鉄道ハ3414 昭和18年国鉄より譲り受けた木造二軸客車（もと官鉄北海道鉄道部、明治40年新橋工場製）。 築別炭礦駅

羽幌炭礦鉄道キ11 昭和17年国鉄より譲り受けた木造単線用ラッセル車で旧番号はユキ33（大正6年苗穂工場製）。 築別炭礦駅

▶築別炭礦駅に隣接する羽幌炭礦鉄道の機関区に憩う8110 庫内に9042の前部が見えている。煙突の上に見える装置は実用化間もない回転式火の粉止めで、沿線の火災予防のために本機も取り付けていた。機関庫の木造建物も中央部に煙出し、片側に機関区事務所と工作室、用品庫などを組み込んだ当時の地方私鉄では典型的な方式のものであった。

羽幌炭礦鉄道9042　昭和18年国鉄より譲受。国鉄9040形はもと北海道炭礦鉄道が発注した日本最初のコンソリデーション型（軸配置１Ｄ）で石炭列車牽引用としてその後多くの同じ軸配置の機関車が増備された。1892年Baldwin製。

築別炭礦駅

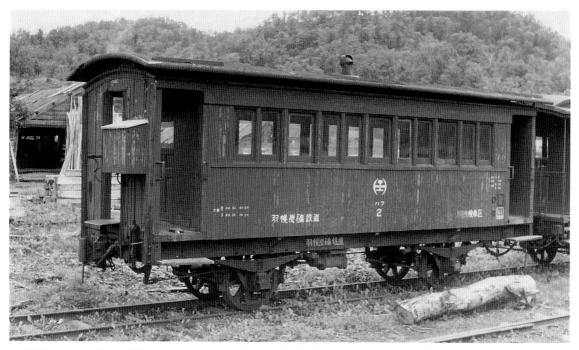

羽幌炭礦鉄道ハフ2　開業時に同型車ハフ1とともに国鉄より譲受けた木造二軸客車（もと日本鉄道、1890年英国Metropolitan社製）。　　　築別炭礦駅

8114（BW No.15494－Sept.1897）9042（BW No.13826－Oct.1892）の3輌で何れもメーカーであるボールドウィン社の銘板が残っているのはうれしい。国鉄から払い下げを受けたのは夫々昭和25年7月、23年7月、18年12月（何れも到着使用開始の年月）である。昭和16年払い下げの1159はこの鉄道の最古参であったが、昭和29年3月30日付で廃車となり、日本鋼管（室蘭）へ送られてスクラップ化されたそうだ。北大構内にあった有名な5861を戦時中買ってきたのもこの鉄道でこれは昭和25年頃廃車されている。

客車として現在実際使っているのは　前述のホハフ5だけで、昭和27年国鉄キハ42015（室内にもこの数字が残っていた）を運輸工業（札幌）で修理の上持って来たもの。ロングシート部をクロス化し、旧運転台は炭礦側を車掌席、築別側に一般座席を置いている。昭和11年日本車輌製。二軸客車でありながらまだ使用されているのはニ1である。前身がはっきりせず、竣功図には昭和17年3月苗穂工製となっているが、これは羽幌炭礦鉄道へ払い下げの際の特修と思われる。最初フハニ101といったが、昭和28年荷物車に改造されている（銘板なし）。ハフ1、2、ハ3414はホハフ5入線以来失業している単車で、前二者は旧国鉄ハフ2835、2839で昭和17年払い下げを受けたもの、ロングシート。ハフ2の銘板は1890年Metropolitan製なることを示していた。2輌共FOX'S PATENT1889年の銘板を台枠に取り付けていた。ハ3414（旧国鉄番号のまま）は昭和18年払い下げのクロスシート車で銘板はないが、明治40年新橋工場製である。

その晩は炭礦に一つしかない宿に泊り、東京出発以来4日目で初めてタタミの上でくつろぐことができた。1泊2食付500円であった。

METROPOLITAN RAILWAY
CARRIAGE & WAGON COMPANY
BUILDING
1890
SALTLEY　WORKS
BIRMINGHAM　ENGLAND

FOX'S PATENT
PRESSED STEEL FLAMPLATES
LEEDS FORGE, LEEDS
1889

羽幌炭礦鉄道ハフ2の台枠に取り付けられた製造所と鋼材メーカーの銘板のスケッチ。一般に当時の客車の国産部分は車体のみであった。

（注6）昭和29年当時の羽幌線は築別が終点であり、宗谷本線の幌延駅から海岸沿いに南下する路線が天塩線（2代目）の名称で遠別まで延びていた。築別一遠別間が開通したのは昭和32～33年で、留萠一幌延間を併せて羽幌線とした。しかし、昭和62年に特定地方交通線として全線が廃止された。

天塩鉄道

翌8月11日は10：30時築別炭礦発の列車で山を降リ、12：37時、築別から再び羽幌線24レで留萌に向かった。牽機は19609〔留〕、客車は3輛とも木造ですっかリうれしくなったが窓際に牛乳ビンも置けないのには閉口した。この列車は15：16時留萌着の予定だったが20分近く遅れたので天塩鉄道見学の計画はめちゃめちゃになってしまった。

天塩鉄道は留萌―達布（たっぷ）間に開業する炭礦鉄道で、羽幌炭礦鉄道と同じく、昭和16（1941）年12月の開業である。沿線の住吉と達布にいくつかの炭礦があった。この鉄道は時間の関係で終点までの往復乗車はあきらめていた。幸いに機関区は留萌にあったか

築別駅に進入する羽幌線23レ　19609＋ナハニ15743＋ホハ12116＋ナユニ16355。途中駅で貨車を全部切り離し、客車のみの編成となった。

ら、留萌本線列車との接続待ち時間を利用して見学と撮影をすることに最初から決めていた。

天塩鉄道のホームにはハ1という二軸客車とナハ102なる木造ボギー車がいるだけで機関庫をのぞくと、2というC58と同型の蒸機が検査のため解体されていた。現車を見ていないので正確さは保証しかねるが、竣功図によると次のような車が在籍していた。蒸機は1、2はC58と同形の天塩鉄道自身の発注になる汽車会社昭和16年の製品、9は大正15年3月汽車会社製という旧夕張鉄道の1C1形タンク機で昭和16年購入、の3輛が全部で、他に3という国鉄49695払下げ車があったが、昭和23年三菱上芦別鉱業所へ譲渡されている（RC17号小熊米雄報告記事参照）。

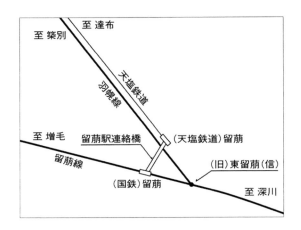

天塩鉄道ハ1　多分開業時に国鉄？より譲受けたという木造二軸客車（もと南海鉄道ロ2、明治32年南海鉄道製）。同形車にハ2（旧南海ロ1）があったが、屋根の形がハ1とは異なり、定員も大きく違っていた。どのような経路で天塩鉄道に入ったのだろうか。

留萌駅

天塩鉄道ナハ102 昭和27年国鉄より譲受けた木造の中型基本形客車。このとき見た竣功図では国鉄の旧番号は不明となっていたが、星 良助氏によればナハフ14389であるという。ほぼ中型基本形製造時の原型を保持している。

留萠駅

　客車は南海鉄道製造のハ1、2という単車、但し屋根の形態は異なり、同じ明治33年製ながらハ1は切妻のダブルルーフ、ハ2は普通型ダブルルーフである。ハ3は新宮鉄道大正元年製の普通型ダブルルーフの単車、何れも国鉄から払い下げられている。ナハ101は明治45年汽車会社製、夕張鉄道キハニ1を昭和18年に譲渡されたもので、その前は国鉄キハニ6453というからもと蒸気動車である。ところが竣功図にはナハ22000形と同じ窓配置の平凡な木造客車が画かれている。その後改造したのだとの係の方の話があったから、台枠だけを利用して鋼体化で不要になった国鉄客車のボディをのせたのだろう。しかし、現車を見ていないので断定はできない。ナハ102は昭和27年国鉄のナハフ（番号不明）の払い下げで現車には銘板もあるし、旧番号の透視もできたが、残念なことに、この車の調査にかかろうとした時はすでに留萠本線深川行712レの発車時刻ぎりぎりで、1秒の猶予もならず、すべてを投げて

百メートル近い陸橋を手荷物をかかえて韋駄天走リ、やっとすでに相当の速さになっている列車に飛び乗ることができた。

　この列車は留萠本線にただ1往復ある二等車併結列車でオロハ309という旭川行直通の客車が連結されていたが、この三等部分のシートは恐ろしく固く、それにいかにも古くさい黒ずんだ茶色の室内色は隣の明るいオハフ62形と対照的だった。17：37時深川着、列車の前部2輛はそのまま18：06時発の旭川行25レに併結される。牽機はC51139で、この辺にはC51形が非常に多い。神威古潭の景勝を夕もやの内に望み(注7)、19：11時旭川駅に終着。親戚の家に落ちついた。

（注7）当時の函館本線は神居古潭の渓谷沿いの急曲線区間を走っていたが、昭和44（1969）年の複線化にあたってルート変更し、全長4,523mの神居トンネルを掘って線路を移設して、神居古潭駅も廃止された。旧線跡はサイクリングロードとなった。

28.9.1訂補 **留萠──達布** （天塩鉄道）	8 30	13 00	17 40	料	円	発	留　萠⑤着		7 29	11 54	16 39
	9 00	13 30	18 10	10.4	40	〃	天塩本郷発		7 03	11 28	16 15
	9 10	13 40	18 20	14.3	50	〃	沖　内〃		6 53	11 18	16 05
	9 30	14 00	18 40	20.4	70	〃	天塩住吉〃		6 36	11 01	16 46
	9 41	14 11	18 51	25.4	90	着	達　布発		6 20	10 45	15 30

旭川電気軌道

　8月12日は1日中旭川市内で旭川電気軌道、旭川市街軌道を見ることにする。名前が似ているので混同されやすいが、前者は市街のはずれに近い4条18丁目にある旭川四条駅から東に向う郊外電車であり、後者はその名の通り、旭川の市街電車である。

　まず旭川電気軌道の方を訪れる。旭川四条駅から東川間と次駅の旭川追分から分岐して旭山公園に至る2

旭川電気軌道16ボギー台車　台車枠を1枚の鋼板で、緩衝装置は軸受け直上の重ね板ばねと両側のコイルばねより成り、揺れ枕ばねは見えない。

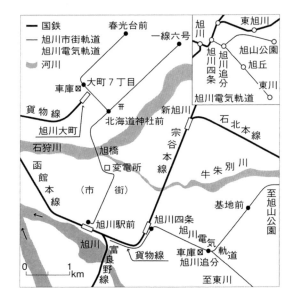

方面に各々60分毎に出ている(地図参照)。昭和2〜5(1927〜30)年の開業で最初から電車運転であった。駅の時刻表が未だに午前、午後の表示をしているのは一寸奇異な感じだった。駅にはラッシュ増結用という16という木造客車が置かれている。台枠は昭和24年の火災で全焼した電車の台枠をつなぎ合わせ、その上に国鉄ナハ10084(大正8年日本車輌製、室内の標記と銘板による)のボデーをのせたもの。台枠の両端は円くなっているのは旧電車の妻面の形状を示している。、台車がどこから拾ってきたのかすごい板台枠もので驚いた。室内はクロス、サイドの混合シートである。間もなく10という単車が到着、屋根を見るとパンタグラフを使いながらポールも持っている。聞くと昭和28年秋、全社が従来のポールをパンタにかえたばかりなのだそ

旭川電気軌道16(2代目)　火災で全焼した二軸電動車の台枠をつなぎ、鋼体化工事で不要となった基本形木造客車の車体(ナハ10084、ただし通風器がガーランド型である点が中型基本形とは異なる)を乗せたもの。増結用の付随車として用いられる。
旭川四条駅

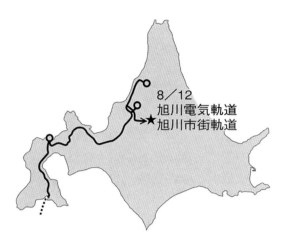

8／12
旭川電気軌道
★旭川市街軌道

うて、まだポールをはずしていない。線路は旭川四条駅で終っておらず、貨物線が名寄本線に沿って旭川駅まで延びている。車庫は次駅の分岐点旭川追分にあるというので、一駅分乗車して車庫にでかけた。昭和24年火災にかかって所属車輌をすっかりなくなってしまったので、番号は一寸見た所どのようにつけられているのか見当がつかない。係の方の話によるとここの電車は6・8・10（木造）、12・14・16（木造）、18・20・22・24（半鋼）の3形式の二軸電車群があったそうで、なぜ6から始めたのか、なぜ偶数ばかりなのかよくわからない。ただ大正14年開業にもかかわらず、6、8、10が大正15年製であることを考えると、開業当初は2、4とでもいう電車が存在したと考えられる。

現有車輌はというと、8、10は大正15年梅鉢鉄工所製の木造単車で昭和24年の火災で同僚の6と共に焼失の厄に遭ったが、その後台枠を利用してボデー新造で復旧したもの。台車はブリル製、8はシングルルーフ、10はダブルルーフである。次の12、14、16は名古屋鉄道製という昭和14～15年頃廃車になった木造二軸車で現存しないが、12は旭川四条駅の労組事務所に、16は追分車庫でボデーをさらしている。次の半鋼製クラスは20のみが残っている。この電車は火災当時車庫にいなかったため災厄を免れた唯一の車で、焼けた同僚3輌の台枠はつなぎ合わせて先の付随車16（2次）の台枠に再生されている。昭5日本車輌支店製、台車は同じくブリルである。以上の二軸電車に対して、現在の主力となる電車は　昭和24年日本車輌支店製の101～103というボギー車で日中はこの3輌で十分間にあう。全長12.8メートルだからこのあたりには適当な中型車で、台車は井ノ頭線デハ1760形についているW-1-18を短軸化したような形態のものをはいている。その他車庫に無番のロータリー式電動排雪車（昭和26年同社製）が1輌置かれていた。

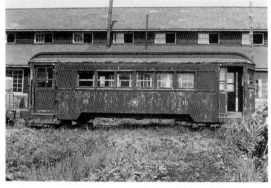

旭川追分の車庫に置かれていた木造電車16（初代）の廃車体。

▲旭川電気軌道103＋16（2代目）　昭和24年日本車輌支店製の小型ボギー電車3輌が当時のこの鉄道の主力となっていた。
　　　　　　　　　　　　　　　　　　　　旭川追分付近

▶旭川市街軌道の国体祝賀花電車（元台となった電車は排雪車2）。
　　　　　　　　　　　　　　　　　　　　北海道神社前

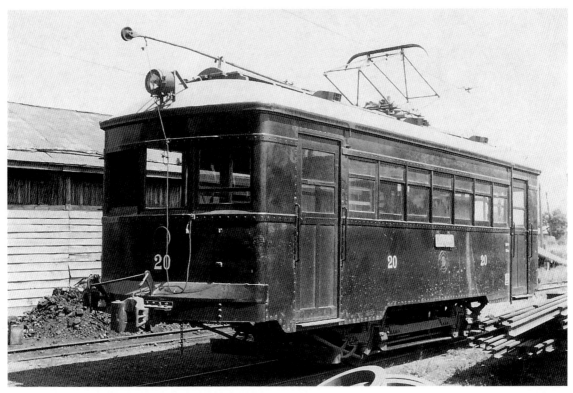

旭川電気軌道20 昭和5年日本車輛支店製の半鋼製二軸電動車。被災を免れて当時まだ現役の電車として使われていた。屋根中央部にパンタグラフを置いたが、前後のポールもはずしていない。

旭川追分車庫

旭川電気軌道8 大正15年梅鉢鉄工所製の木造二軸電動車。終電装置はパンタグラフとポールの両者をもち、古い木造車ながらまだ貨物列車の牽引に活躍していた。屋根がシングルルーフになったのは第二次大戦後である。

旭川四条駅

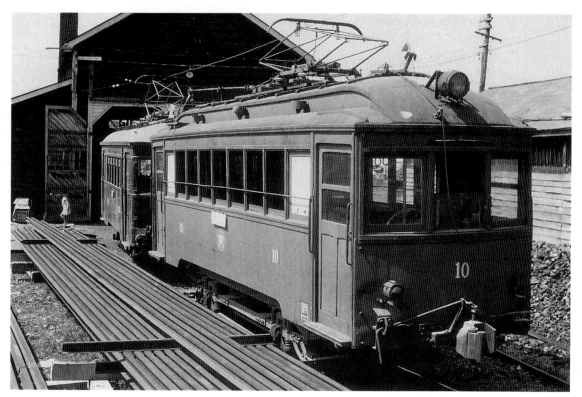

旭川電気軌道10 前ページの8と同形式に属し、大正15年梅鉢鉄工所製であるが、この10の方が製造時の原型を保持していたようである。整った形態の
ダブルルーフと水雷型通風器が美しかった。
旭川追分車庫

旭川電気軌道ロータリー式電動雪掻車 昭和26年追分の自社工場で無蓋貨車をタネ車として改造したものという。自走能力はなく、連結した電動車に押
され、電力を供給してもらってロータリーを回転させる構造であった（小熊米雄氏による）。
旭川追分車庫

巨大な日立製作所の広告タワーの下を走る旭川市
街軌道217。　　　　北海道神社前─旭町三丁目間

旭川市街軌道

　旭川市街軌道は旭川駅前から北海道神社前で2方面に分岐し、春光台と6号に至る路線である。昭和4〜7（1929〜32）年の開業で、以前は市内各所目ぬき通りにも通っていたものだが昭和23年に半分近くの路線がバスにかえられて現在線のみ残ったという。車庫は大町7丁目にある。現存する電車は全部半鋼製二軸客車で101、102、204、105、107、208、109、210、311、314、315、416、217、118、319、231の15輌、昔は1〜20、22〜27、28〜30の3グループがあり、1〜20は昭和4年川崎車輌製、22〜27は昭和5年汽車会社製（1〜20とほぼ同型）、28〜30は登別温泉軌道より購入の小型木造車である。この内3、20、29、30は北海道炭礦汽船に昭和7年に売却され、3、20は同社の角田鉱業所に健在だが、29、30はすでに廃車されたと聞いた。12、13、24、26は豊橋交通（現豊橋鉄道）に、22、23、25、27は秋田市電に譲渡されている。6は続けさまに2回も轢殺事故を起したので忌番号となり、31と改番された。

　全車が今年になって車体の塗色を赤紫色とし、窓下に黄帯を入れ、且つ正面は坂田式塗分けとしたので塗色に関する限り仲々好ましいものになった。こんなよい電車に1桁や2桁の番号ではもったいないという声

旭川市街軌道102　この電車だけが当時40馬力電動機装備車であった。旭町三丁目はまだ高層建築物もなく、道路の舗装もされていない

が起き、然らばというわけで下2桁は今の番号そのままとして、1〜4のうち任意の数字を百位数字として頭につけることとなった。本当かなという疑問もあるが、係の方はまじめそうにそういう説明をしてくれた。確かに百位の数字は全く意味がなく、416といっても400形というわけではない。あとで小熊米雄氏に聞いたところによると百代の数字は更新修繕の年度を示すのだそうだ。従って現存する電車は全部同形である（モーターに50馬力、40馬力、30馬力の3種があるが、追々50馬力に統一するという）。他に排1、2という排雪車があった。

旭川市街軌道210　昭和4年川崎車輌製の標準型でリベットをふんだんに用いた車体工作、一段下降窓は昭和初期の電車では一般的で、まだ塗色も新しい状態であった。
大町車庫

旭川市街軌道416　日の丸の紙の小旗を持つ二人の少女は両陛下のお通りになる道筋に歓迎に出かける姿である。　六条九丁目付近

士別軌道

　翌8月13日は宗谷本線355レ名寄行で8：40時旭川発、本線とはいえ、ささやかな混合列車でD5160〔旭〕が牽引し、貨車のうしろにオハフ6061、スハ3321、オハニ61146、つまり鋼体化2輌とスハ33形の計3輌が連結されていた。10：22時士別着、駅の正面玄関に立つと駅前まで来ているべき士別軌道（762mm軌間）がない。よく聞くと100メートルはなれた本社の前から出ているとのことだったので早速本社を訪れた。

　士別軌道は大正9年と14年に士別—奥戸間を馬車軌道として開業し、昭和3年に蒸気動力に変更したという。軌道法によって一般営業をしているが、実質的には森林鉄道である。

　現在蒸機は全然動いておらず、ディーゼル機関車が使われている。乗客は事実上扱っていない、という係の方のお話。

　早速暗い機関庫に入っている蒸機を見せてもらう。3は士別生えぬき5トンB型タンク機で雨宮製作所、昭和3年製、刻印による製番は363、同形に1、2、4がある。5は昭和17年12月本江機械製作所製のB型タンク、6、7は雨宮製作所、大正11年製、刻印による製番は246、247、栗原鉄道B51、52を購入したものである。ボトムタンク式の栗原鉄道時代にはサイドタンクがなかったが、ここに来てから追加した由。

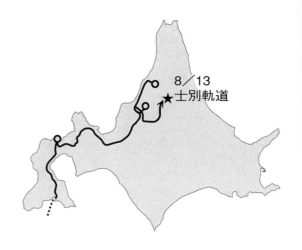

8／13
★士別軌道

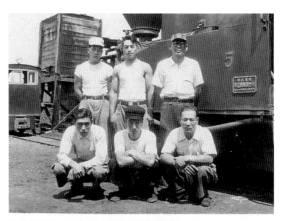

5号機をバックに立つ士別軌道の機関区職員の人々。

士別軌道ディーゼル機関車3　昭和29年酒井製作所製のB型機。中央部に見える黒い影は現像の失敗によるものである。　　　　士別軌道機関区

29. 5. 5 改正				士　　別　━━　奥　士　別											此他区間運転あバス併用（士別軌道）	
5 00	540	川美	0	此間　士別発奥士別	19 00	↑	粁	円	発	士	別	着	7・50	8 15	此間　奥士別発士別行	21 00
5 30	610	南着	640	行.900.1110.1250	19 30	↓	10.8	45	ク	上士別	発	7 20	7 45	1020.1215.1355.1620	20 30
5 55	L	成		1345.1730	19 55	↓	20.1	85	着	奥士別	発	6 55	7 20	1750	20 05

44

士別軌道 5　昭和17年本江機械製作所 (のちの立山重工業) 製のB型タンク機。いかにも森林鉄道の機関車らしい形態で、独特の火の粉止めの煙突、水路
や川から給水するためのバキューム式給水ホースなどが見られる。　　　　　　　　　　　　　　　　　　　　　　　　　　　　　士別軌道機関区

士別軌道 6　大正11年雨宮製作所製。もと栗原鉄道のB51で、7となったB52とともに第二次大戦中の昭和19年に士別軌道に譲渡された。サイドタンクは
士別軌道で追加工事したもの。左後方の庫内には加藤製作所製のガソリン機関車1の姿が見える。　　　　　　　　　　　　　　　　士別軌道機関区

士別軌道機関区の全景。車庫からわざわざ引き出された蒸気機関車は左
5号、右6号。5号の後方の車庫の奥部に客車と3号機などが収容され
ていた。

横から見た士別軌道6　後方に5が見える。 士別軌道機関区

士別軌道ディーゼル機関車2　昭和29年協三工業製のB型機。酒井製の3とともに当時の士別軌道の主力機関車であった。 士別軌道機関区

明治製糖士別工場専用線2649　昭和10年に国鉄より譲受けたB6形タンク機関車。明治37〜38年に満州の戦場に送るため大量に発注されたうちのアメリカ製機2500形。　士別駅

　ガソリン機関車として昭和22年加藤製作所製の1と、昭和29年に入ったディーゼル機関車2（協三工業製製番5096）、3（酒井製作所製）という何れもL型機がある。わざわざディーゼル機で無火の蒸機を引き出して下さったのでこの末長くない蒸機をカメラに収めることができた。客車はいずれも日本車輌支店製であるが使われないので車庫の中であくびをしている。1、2（昭和3年製）、3（昭和4年製）、4（昭和5年製）の何れも木造二軸客車、オーブンデッキ、シングルルーフの同形である。この種の二軸客車に見られる車軸

の緩衝装置は一般に板バネのみであるが、この客車は車軸の両側にコイルバネを持っている。

　この軌道は天塩川の上流から木材を運び出すのが主な仕事で、天塩川のダムは観光地としても仲々よい所らしいが、お客の方はバスにまかせっきリ。バスの方がきれいで、速くて、故障を起さないとは係の方の弁であるが、その日も3号ディーゼル機牽く上り列車が途中で故障して、修理員が早速バスに乗ってかけつけていった。

　そんなわけで正午頃に到着予定の列車が定刻をはる

明治製糖士別工場専用線2649　やや後方から見た姿。1905年Baldwin製。B6形はイギリス製（2100、2120形）、ドイツ製（2400形）、アメリカ製（2500形）があり、当時全国の地方私鉄に多数が譲渡されて、比較的輸送量のある貨物鉄道で重宝がられていた。　士別駅

かに過ぎても一向にやってこない。町はずれでカメラを構えていたが、待ちくたびれて車庫に戻ったとたんに到着。ついに士別軌道の列車写真は撮りそこなってしまった。

士別にはもう一台蒸気機関車がいる。駅の北1キロばかりにある明治製糖士別工場専用線にいる2649である。Baldwin、製番26541-Oct.1905年製（製造銘板による）のB6形で士別駅構内でものすごい黒煙をはいて入換作業をやっていた。

13：32時士別発稚内行311レで士別を後にする。小樽からの直通列車でスハ32形を主とした列車であって、14：06時名寄駅に着いた。名寄本線発稚まで30分もあるので構内をぶらついて珍しいものだけカメラに収めていったが、ハナロ21136（旧ナイロ20506）の他はこれといったものはなかった。所謂調査をしないで写真だけとって歩くということは何と楽なことだろう、と思ったが鉄道趣味の醍醐味はとても味わえない。

名寄本線遠軽821レの発稚は14：38時、列車編成は牽機59618＋ナユニ16250＋ナハニ15909＋オハ31204＋オハ31203という木造車2輌、オハ31形2輌に貨車を加えた混合列車で、函館本線から急に左へ折れると上り勾配の森林の中をのんびりとした速度で進んでいく。沿線は材木の産地でどの駅も材木の山、当然こちらも森林鉄道はないかと注意していると、下川駅にも一ノ橋駅にも762mmゲージ線があり、下川駅ではL型ガソリン車1輌が動いていた。一ノ橋駅をターミナルとする森林軌道は相当長い延長キロをもつ模様で、土地の人の話では蒸気機関車もガソリン機関車もいるとのことだったがその日はお祭りだとかで姿は見せなかった。

一ノ橋―上興部間の上川、北見国境を59691を補機として越えると、オホーツク海までずっと下り勾配である。興部に出てオホーツク海岸に沿って走るがおよそ殺風景な海岸だ。紋別駅で見た渚滑線の列車は68645牽く混合列車で木造客車3輌が連結されていた。

遠軽駅で19：00時発網走行1レに接続する。この列車は函館―旭川間を急行「大雪」として走ったものの延長だけに、普通ではお目にかかれないスハフ44形、スハ45形といった豪華な客車ばかりで編成され、食堂車マハシ29形すら連結されている。美幌附近は風光明媚なところと聞いているがすでに日は落ちて、列車は闇の中をつっ走って22：07時網走着。

日本甜菜製糖磯分内製糖所

8月14日5時前に網走駅にかけつける。昨晩構内に電車みたいな車輌をちらと見たので正体をつきとめようというわけである。この正体はナハ23875（釧クシ）で、魚腹台枠のナハ23800形に属する国鉄最後の新製木造客車だった。昭和2年汽車会社東京支店製であった。この客車は一端に貫通扉がなく、その代りチャントした窓が3ヶ並んでいる。昨夜はこれで電車らしいと思ったわけである。聞けば救援車として若干の職員をのせてあちこち廻っているというから、Inspection Carの気分でも味わおうというので、こんな改造をしたのだろうか。時刻はちと早いが、撮影せずにすませるに

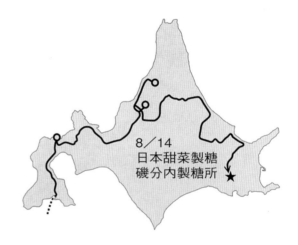

国鉄ナハ23875　昭和2年汽車会社東京支店製で国鉄最後の木造客車ナハ23800形に属する。救援車となって片方の妻面の貫通扉をつぶし、展望窓を開ける改造が行なわれていた。　網走駅

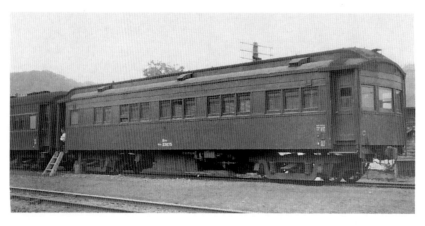

は惜しいのでシャッターを切ってみた。現像するまで
うまくいったかどうか心配だったが、なんとか写って
いた。

　5：10時ガラガラの釧網本線釧路行573レで網走を出
発した。斜里までの沿線にはラグーンが多く、斜里岳
の遠望も捨てたものではない。藻琴の殖民軌道は時間
の都合で寄れず、注意していたが、駅前の軌道に小型
材木車が1台置いてあるだけだった。斜里で機関車は
交換して、18657〔斜〕となり、貨車4輛に続いて、回
送で客扱いしないオハフ6070、オハ6231、オハ6232の
鋼体化客車3輛、そして客扱いのナユニ16356、オハ
31216、オハ31214、オハフ6037の4輛が連結されてい
た。

　上札鶴―川湯間(注8)の網走―釧路国境越えには
88646が補機としてついた。はるか西に望まれる連山―
美幌峠、阿寒の景観も低くたれこめる雲にさえぎられ
て遂に見ずに終った。9：17時磯分内（いそぶんない）
駅到着。

　ここには日本甜菜製糖磯分内製糖所があり、珍らし
い蒸機が2輛もいる。「7271は先日検査から帰ったばか
りでまだ使っていません」と係の方が機械の間を縫っ

日本甜菜製糖磯分内製糖所〝ランケンハイマー〟　前から見た姿。

ていく通路を案内しながら説明して下さる。普通の貨
車はタンク機で間に合うので主にそちらを使っている
そうだ。眞新しい木造の機関庫の中にこれも眞新しく
塗り変えた7271がおさまっている。Brooks、製番3676
―1900年製であることを示す銘板も美しい。モーガル
型の均斉のとれた機関車である。ここに入った年は係

日本甜菜製糖磯分内製糖所〝ランケンハイマー〟　運転整備重量12トンの小型B型タンク機。謎に包まれた機関車で、日本車輛→十勝鉄道→日本甜菜製糖
小清水製糖所→同磯分内製糖所という車歴のなかでどんな改造が行なわれたのだろうか。煙突上の集煙装置のような代物は何だろうか。

の人の話では製糖所が開業した昭和11年だそうだ。

　駅から帰ってきたばかりのB型タンク機は無番であるが元十勝鉄道の1号であったもの。大正9年に十勝鉄道に入り、昭和16年日本甜菜製糖小清水製糖所へ転属、昭和27年磯分内製糖所入りをしたというが、係の方の記憶によったので若干のずれはあるかもしれない（十勝鉄道と日本甜菜製糖は同系会社で本社（帯広）も同じ建物の中にある）。この蒸機は「米国ランケンハイマー」なる不可解なメーカーの手に成ると伝えられ、ナゾの機関車として知られているが、蒸気機関車の調査ではかけだしの私が現車を見てもキメ手が見つかるような代物ではない。「ランケンハイマー製　米国」とカナと漢字で書かれた銘板がついているがこんな後からつけたものはあてにならない。ロッド刻印1は十勝鉄道の1号を示すものとしても、シリンダ上部にある061の浮彫リは何を示すものか、このような浮彫をつけた機関車は浅学にして他に見たことはないが、もし同類がどこかにいるとすればこの浮彫リも相当重要な手掛りとなるだろう。記録は係の方がいないとかで見付からなかったが、竣功図には旧所属日本車輌とある。後に十勝鉄道で見た竣功図もこれと全く同じものであったから、日本車輌は十勝鉄道の前の所有者と解釈される。特徴は恐ろしく罐中心の低いことである。その

ため連結器の取付け方も独特なもので、762mmゲージ用からの改造説もここから生れたものだろう（十勝ではすでに1067mmゲージとなっていたという）。シリンダが水平でないことも見逃すことはできない[注9]。

　12：06時511レで磯分内駅を後にする。牽機はC58331〔釧〕の後にオハニ61501、オハ6276、オハ6271、オハフ6211と続く珍しくも混合列車ではなく、鋼体化客車4輌だけより成る編成。次の標茶駅に近ずくと標津線がC1194〔標〕に牽かれて並行して走ってきた。ナハニ15706とナハ10076という木造客車2輌を含む混合列車であった。広大な釧路原野が右手に姿をみせる、五万分の一地形図（「大楽毛」）を拡げれば一目瞭然だが、これが広大な沼沢地である。釧路川が蛇行しながら線路に沿うている。13：47時釧路駅に着いた。

（注8）上札鶴（かみさっつる）は現在の緑（みどり、昭和31年改称）、川湯（かわゆ）は現在の川湯温泉（昭和63年改称）。

（注9）蒸気機関車史研究家の臼井茂信は、『機関車の系譜図I』（交友社、昭和48年）で「ランケンハイマー」に触れているが（同書P.197）、さすがの碩学もこの機関車の正体を解明することはできなかった。「原車は軽便ゲージで、一見〈ポーター風〉の改造」と記述されているが、「スクラップからの再製という感じが強い」と述べるにとどまった。

日本甜菜製糖磯分内製糖所〝ランケンハイマー〟　やや後方から見た姿で連結器の取り付け位置から見て762mmゲージ機関車からの改造と考える説もある。

根室拓殖鉄道ジ1 日本車輌東京支店が昭和6年に製造した単端式ガソリンカー。ボンネットの辺りは戦後に改造されているが、車体は原型を保っている。この姿で使用されている車輌は当時でも少なかった（8月16日撮影）

8／10～11 羽幌炭礦鉄道
8／11 天塩鉄道
8／10 留萌鉄道
8／19 三井奈井江専用鉄道
8／13 士別軌道
8／19 美唄鉄道
8／12 旭川市街軌道
8／12 旭川電気軌道
8／14 日本甜菜製糖
磯分内製糖所
8／9 寿都鉄道
8／18 芦別森林鉄道
8／18～19 三井芦別鉄道
8／20 苫小牧
8／15 雄別炭礦鉄道
8／16 根室拓殖鉄道
8／20 北海道炭礦汽船
夕張化成工業所
8／17～18 十勝鉄道
8／20 夕張鉄道
8／17 雄別炭礦鉄道
尺別専用線
8／14 雄別炭礦鉄道埠頭線
8／15 北海道殖民軌道雪裡線
8／15 釧路臨港鉄道
8／8 南部鉄道

本書はちょうど50年前の昭和29（1954）年8月、私が北海道のローカル私鉄を訪ね歩いた記録である。当時の北海道には炭礦鉄道をはじめとして、たくさんの私鉄が運転されていたが、その後の産業構造の変化やモータリゼーションの結果、急速に消えてしまった。当時の多彩な車輌群や列車の姿を上下2冊から成る本書上で再現し、上巻では、旅行の前半に訪れた寿都鉄道、留萌鉄道、羽幌炭礦鉄道、天塩鉄道、旭川電気軌道、旭川市街軌道、士別軌道、日本甜菜製糖磯分内製糖所などを収録したが、この下巻では後半に訪れた釧路臨港鉄道、雄別炭礦鉄道、根室拓殖鉄道、十勝鉄道、三井芦別鉄道、美唄鉄道、夕張鉄道、定山渓鉄道、札幌市電、函館市電などを紹介した。

7271

上巻で紹介した日本甜菜製糖磯分内製糖所のもう1輌の機関車7271
Brooks、製番3676、1900年製の典型的なアメリカ型機、定期検査を終わったばかりの美しく整備された姿。

雄別炭礦鉄道釧路埠頭線

　釧路は私鉄蒸機の宝庫である。雄別炭礦鉄道の本線を始めとして、その埠頭線、および釧路臨港鉄道の3線はぜひとも訪ねなければならない。

　まず到着のその日、8月14日午後に埠頭線を訪ねることとする。ところがどこで聞いてもその機関区の所在地が判らない。結局埠頭行のバスに乗って終点まで行くと簡単に見付かったが、もう釧路の場末といった感じのところである。釧路埠頭の専用鉄道時代からの機関車3輛がRC（『ロマンスカー』）21・22号に江本広一氏が「釧路で見た機関車」として報告されたそのままの姿でいる。ここは旅客扱いをしない貨物線で昭和27年に専用鉄道から地方鉄道に変更されている。雄別炭山から出た石炭列車は鳥取信号場から貨物線を通って新富士駅に入り、更に埠頭線によって埠頭に運ばれ、船積みされる。鳥取から埠頭まで石炭列車を運転するのが、ここの機関車の役目である。

　9224（Baldwin No.26509—Sept.1905年製、銘板あり）、9233（銘板なし）の2輛は共に9200形コンソリデーション型だが、ここに入った経路は異り、9224は昭和25年5月国鉄より払い下げ（同年7月より使用）、9233は昭和2年10月鉄道省より美唄鉄道に払い下げら

雄別炭礦鉄道9233　1905年Baldwin製の貨物用機関車で大型コンソリデーション（軸配置1D型）の意味で大コンと通称された。　埠頭線機関区

れ、昭和24年8月（使用開始同年9月）さらにこの鉄道に譲渡されたものである。もう1輛は旧渡島海岸鉄道の1409で、ここへの入線年月は不明であるが、機関庫の奥に押し込められてからすでに久しく、はずされたロッドには相当錆が入っていた。銘板などもないが、ロッドに3279の刻印があり、Kraussの製番と思われる。この他、旧国鉄2719である234という軸配置C2型の機関車があったが、雄別炭礦に釧路埠頭が合併された時本線に転じ、すでに廃車されている。

　その日はそれで鉄道見学を打切って宿に向った。

雄別炭礦鉄道9224　1905年、日露戦争に当ってBaldwinから50輛という多数が輸入された。いったん満州に送られて軍事輸送に用いられ、戦後内地に帰ってきて全国の官鉄で広く活躍した。本機の履歴簿にも満州より帰還のことが記載されていた。
埠頭線機関区

殖民軌道雪裡線側線に留置されていたB型ディーゼル機関車　日本輸送機昭和29年6月製の銘版をつけていたから当時新造間もない機関車であった。後方は酒井製作所製（多分昭和28年製）のディーゼル機。貨物輸送に用いられていたものらしい。
鳥取神社付近

北海道殖民軌道雪裡線

　翌8月15日釧路の郊外である鳥取の十条製紙工場のクラブ（父が手配してくれた）を出、近くを通っている北海道庁殖民軌道雪裡線を見にゆく。

　この軌道線の列車は『時刻表』によると、1日1往復しかない。しかも内陸の開拓村である鶴居と上幌呂をそれぞれ7時と6時30分に出発した上り列車が9時に新富士駅に到着し、16時に下り列車が内陸に向かうという開拓村本位のダイヤなので、釧路から開拓村に向かうと日帰りができない。一度乗ってみたいとは思ったが、日程上とうてい無理と判断して朝到着の上り列車を見るだけにとどめることにした。

　8：40時頃から近くの鳥取神社のそばで待っていたが全然姿を見せない。近所で聞くといつも10：00時頃通るという。仕方がないので丁度そこにあったディーゼル機関車2輌の写真だけ撮って引上げた。ともにL型B型機で1輌は日本輸送機、昭和29年6月、製番22974で無番、他の1輌は酒井製作所製で銘板がないが、雪28601と番号のある所をみると昭和28年製ではないかと思う。

29.4.20改正 北海道軌道雪幌殖民線			発鶴居 着	
	700	粁	発鶴　居 着	↑180
	800	14.0	〃温根内 着	170
	900	29.0	着新富士 発	160
	630	粁	発上幌呂 着	↑180
	700	9.0	〃中幌呂 〃	170
	800	23.0	〃温根内 〃	170
	900	37.0	着新富士 発	160

日本交通公社発行『時刻表　昭和29年7月号』より転載（以下時刻表は全て同様）
何故か雪裡線が雪幌線と表記されている。

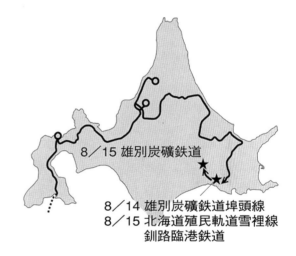

8／15 雄別炭礦鉄道

8／14 雄別炭礦鉄道埠頭線
8／15 北海道殖民軌道雪裡線
　　　釧路臨港鉄道

釧路臨港鉄道

　釧路臨港鉄道は入舟町―東釧路―城山間の鉄道で春採にある太平洋炭礦の石炭を釧路港に運び出すのを主な仕事としている。路線の主要部分は大正14年～昭和2年に開業している。地図に示すように両端の入舟町と城山の間の距離はは極く僅かで釧路市東部の半環状線ともいえるが、バス網が発達しているので乗客輸送量は余り多くない。釧路駅前から春採行のバスにゆられて釧路川の橋を渡ると、やがて高台にかかり、15分程行くと春採湖という沼が眼下にひらけてくる。沼の向うが炭礦で鉄道はこの凹地を走っており、今バスで横断した台地をC字型に囲むルートを走っている。

釧路臨港鉄道5 日本車輌、昭和4年製で軸配置1C2型という珍しい形態の自社発注タンク機関車。当時は同型機4輌がすべて現役で、この鉄道の主力機として働いていた。運転整備重量47トンの中型機は、炭礦鉄道とはいえ平坦、短距離輸送のこの鉄道に適した機関車であったといえよう。　　春採駅

　　ここの機関車に関しては前掲の釧路埠頭の専用鉄道と同じくRC21・22号に江本氏により詳しく報告されている。1、2、3は国鉄3390形の払い下げで現在は廃車、次は何れも日本車輌製の1C2型という珍しい軸配置のタンク機で5（昭和4年製番232）、6（昭和12年製番504）、7（昭和16年製番957）、8（昭和17年製番1032、現車銘板の刻印判読不能のためRCによる）の4輌、5、6と7、8は細部の寸法など若干異っている。10と11は国鉄2356、2381をそれぞれ昭和25年12月、昭和27年2月払い下げ（使用開始）されたB6形で10はNorth British（Glasgow）No.17003—1905年製であったことが銘板で確認できた。11は現車確認できなかったがRCによれば銘板はないという。

　　旅客列車は国鉄からの乗り入れ列車を除いてはキハ1001という北海道には珍しい液体式ディーゼル動車の一手専売である。新車ではなく、国鉄キハ40363を昭和26年払い下げを受けたものである。最初は客車ナハ1として使われ、昭和27年ナハフ1となり、昭和28年

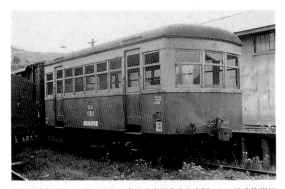

釧路臨港鉄道コハ101 昭和11年日本車輌東京支店製。もと渡島海岸鉄道のガソリンカーで、主機関をはずして付随車となっていた。　春採駅

運輸工業の手で気動車に復活した。友人Y氏が一昨年ここを訪れた時、昭和13年日本車輌東京支店製、製番1082を示す銘板と、当時まだ残っていた553の旧番号（北海道鉄道当時のもの）を確認しておられるので旧省番号に関しては疑う余地はない。塗色は濃クリーム／ブルーの坂田式塗分けであった。江本氏は1日3

28.6.7改正							城 山──東釧路──入舟町、	⊕	気動車（釧路臨港鉄道）					
…	8 45	10 45	…	13 45	15 38	…	粁	円	発城　山着	8.13	10 13	…	13 13	15 13	
…	8 51	10 51	…	13 51	15 46	…	2.2	10	ヶ東　釧　路発	8 08	10 08	──	13 08	15 08	
…	9 00	11 00	12 00	14 00	16 00	17 00	5.5	10	ヶ春　採ヶ	8 09	10 00	11 58	13 00	15 00	16 58	17 58
…	9 20	11 19	12 18	14 18	16 19	17 18	10.7	20	ヶ臨　港ヶ	…	9 41	11 41	12 41	14 41	16 41	17 41
…	9 22	11 21	12 20	14 20	16 21	17 20	11.5	20	着入　舟　町発	…	9 38	11 38	12 38	14 38	16 38	17 38

往復と記していたが、私の訪れた時点では、区間運行を含めて下り（城山→入舟町）6本、上り7本の列車があった。この他コハ101（昭和11年日本車輌東京支店製）、コハ1（昭和10年日本車輌東京支店製）という二軸客車があって、これらはいずれもキハであったが、昭和27年に機関をはずしてコハの記号を持つ付随客車としたもの。コハ101は旧渡島海岸鉄道のガソリンカーであり、昭和22年譲渡を受けたと記録にある。

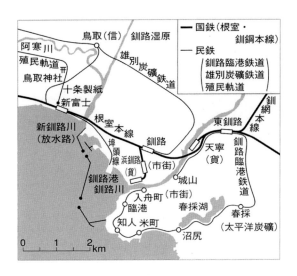

雄別炭礦鉄道

　午後は雄別炭礦鉄道の訪問である。この鉄道は大正末期の雄別炭礦の開礦にともなって大正12年に釧路―雄別炭山間を開業した炭礦鉄道で、開業以来炭礦と鉄道は一体化した会社として経営されていた。釧路駅を13：21時発車の予定だったが、列車は少く遅れたのでやっと間に合った。C118＋…＋コハ1＋ナハ11＋ナハ13＋フハ7＋ワフという混合編成であった。

　C118は松尾鉱山鉄道の自社発注C11形である。日立製作所製、製番1260―昭和16年製を示す銘板が赤く塗られていていやでも目につく。コハ1は全長12～13m位しかない小型ボギー車で木造だがシングル屋根である。銘板は残っていないが汽車会社製のイコライザー台車（これが又恐ろしくホイールベースが短い）をは

雄別炭礦鉄道コハ1の台車　汽車会社製のイコライザー台車だが、台車枠の一部に棒鋼を用いていた華奢な珍しい構造であった。　　　古潭駅

雄別炭礦鉄道コハ1　大正3年汽車会社製で、もと長州鉄道の小型木造ボギー客車だったが、国有化でいったん国鉄に入り、芸備鉄道に払い下げられて、再度国有化、昭和16年に雄別にやってきたという流転の経歴を有する。
穂禰平駅

いていた。ナハ11は一見国鉄ナハ22000形に似ているような印象を受けたが、よく見ると3ツ組の窓が4組(ナハ22000形は5組)しかない。おまけにシングルルーフだ。中川浩一氏によるともと国鉄ナハ23670というが、木造車ながら室内のシートなどスハ32形並で室内だけ見ると鋼製車かと思う位である。台枠に日本車輌東京支店大正14年製の銘板があり、室内に東京三眞工業昭和24年製とあることから考えると、三眞工業というのが室内の更新、屋根のシングル化をやったメーカーであろう。ナハ13、どう見たって客車ではない。室内の40364の番号の跡を見るまでもなく、これが元北海道鉄道のキハ550形、後の国鉄キハ40360形として釧路臨港鉄道、定山渓鉄道などでも使われている流線型の旧ガソリンカーである。これはすぐわかる。折角の流線型だが貫通扉を設けるのはちと不便とあって扉部分だけ一寸内側にひっこんでいる。フハ7はダブルルーフの二軸客車で銘板は残っていなかった。

　雄別炭礦鉄道は釧路駅から根室本線に沿って東釧路方面に線路が延びているが、大きな左カーブを画いて新釧路川の鉄橋までにほぼ180度の方向転換を行う。釧路から3分ばかり走った所に新釧路という給水場があってしばらく停車した。ハ6という黄帯を入れたシングルルーフの二軸客車が1輌ポツンと置かれてあった。鳥取信号場を過ぎると左に阿寒川、右に釧路湿原が開けてきた。列車は阿寒川の比較的広い谷をさかのぼってゆく。平戸前や、穏彌平(おんねびら)という駅で

新釧路川の橋梁を渡る雄別炭礦鉄道の混合列車　牽引する機関車1001は国鉄C56形と同形の自社発注機で、昭和16年三菱神戸造船所製。

雄別炭礦鉄道ナハ11　大正14年日本車輌東京支店製。もと国鉄の木造大型基本形客車ナハ23670(ナハ22000形)で昭和25年に購入した。屋根が丸屋根に改造されているが、多分雄別入りをしたときに室内配置や1段上昇窓への改造と同時に行われたのであろう。
穏禰平駅

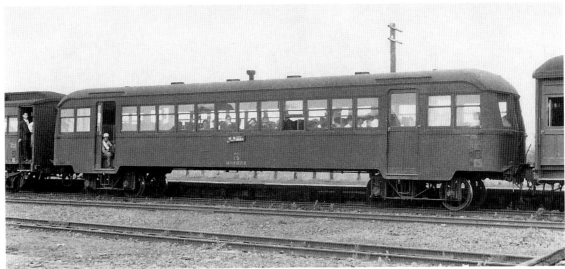

雄別炭礦鉄道ナハ13 形態からもすぐわかるように、もとガソリンカーの主機関を撤去して付随車化したもので、北海道鉄道（2代目）キハ554（→国鉄キハ40363）がその前身である。昭和15年日本車輌東京支店製。同型車にナハ12（旧キハ551）があった。昭和25年購入。　　　　穂別平駅

雄別炭礦鉄道8721 明治44年に国鉄が幹線の急行旅客用機としてイギリスから輸入した8700形について、技術向上のために各部分の精密な計測を行い、翌年汽車会社で同型機を国産した。この雄別機は国産型のほうで昭和27年購入した。のちに北海道拓殖鉄道から同形機8722も購入。　　　　　湯波内駅

雄別炭礦鉄道C118 国鉄C11形と同型機であるが、当時日本最大の硫黄鉱山であった岩手県松尾鉱山の発注で昭和16年日立製作所が製造した機関車。松尾鉱山の鉄道電化で不要となり、昭和27年に雄別入りをしている。このC11形はのちにさらに2輛増備された。　　　　　平戸前駅

雄別炭礦鉄道フハ7　記録ではもと国鉄フロ840（旧官鉄北海道鉄道部、明治31年月島工場製）をこの鉄道開業時の大正12年に購入したことになっている。当初は二等車として使用したという。しかし車体と屋根の形態は明らかに大正期の型で、大改造か車体振り替えがなされている。
穂穗別平駅

貨車の入換をするために5分以上にわたる長い停車時間を利用して写真をとる。ファンには大変都合のよいダイヤである。湯波内（ゆっぱない）駅で上り列車と交換、その牽機は何と8721、東京で得た資料には全くのっていなかった機関車だけに驚くとともにうれしかった。戦前の『鉄道趣味』誌に掲載されたカメラ紀行「早春の賦」の著者伊藤東作氏が水郡線に活躍していた8700に出会った時の気持もこんなものだったかも知れない。銘板などは何も残っていなかった。続く客車ではナハ12はナハ13と同型の元国鉄キハ40360形、室内に40361のナンバーが残っている。日本車輌東京支店昭和12年製、コハ2はこれも旧ガソリンカーで、中川浩一氏によると芸備鉄道買収のキハ40351が前身の由。ナハ15は20メートル級の3軸鋼製ボギー車、札幌運輸工業、昭和29年鋼体化とある。広窓のパリッとした車で、室内はオハ61形並、ナハ14は同じく運輸工業昭和28年鋼体化のナハ15よりやく短い広窓車、何れも屋根は切

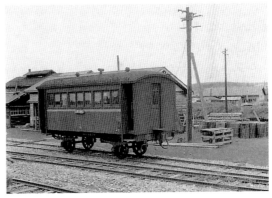

雄別炭礦鉄道ハ6　記録上はもと国鉄ロ772（旧鉄道作業局）で明治5年鉄道創業時の輸入客車となるが、形態は明らかに後年の製品。新釧路駅

妻型である。8721はカメラに納めたが、残念ながら客車の写真まで撮る時間的余裕はなかった。

　約2時間かかって15：30時、阿寒川の谷もかなり狭くなった雄別炭山駅に到着した。すごい霧雨だ。駅の

28. 6.16 訂補	5	30	9	35	13	21	17	45	粁	粁	円	発	釧 路 鐡 着	7	45	11	18	15	39	19	33
	6	11	10	16	14	03	18	27		14.5	40	〃	平 戸 発	7	05	10	38	14	59	18	53
釧路—雄別炭山 連	6	22	10	29	14	15	18	40		18.9	50	〃	穂 内 〃	6	54	10	27	14	48	18	42
	6	40	10	45	14	33	17	56		25.2	70	〃	湯 波 〃	6	38	10	09	14	31	18	24
（雄別炭鉱鉄道）	6	58	11	03	14	51	19	14		31.3	80	〃	阿 古 〃	6	21	9	54	14	18	18	09
	7	17	11	21	15	09	19	33		38.7	100	〃	潭 〃	6	02	9	33	13	53	17	48
	7	31	11	37	15	24	19	47	↓	44.1	110	着	雄別炭山 発	5	45	9	15	13	36	17	30

構内には二軸客車がズラリ。5輌ある内銘板のついた
もの1輌もなしというのには恐れ入ったが、これらは
先に見たハ6、フハ7と同じくこの鉄道の創業当時の
客車である。ハ1〜3は同形で0.4.4.0.（0はオー
ブデッキを示す）の窓配置。ハ4は0.11.0.フハ5
は0.5.5.0で何れもダブルルーフであった。昭和初
年の鉄道統計資料を見るとこの鉄道には三等車が7輌
いるが、これは先きのハ6、フハ7を含めた単車群を
意味すると思われる。中川浩一氏によるとハ1〜3は
雄別自体の新造車、ハ4以降は何れも国鉄払い下げで
旧番号はハ2358、フハ3103、ロ772、フロ840の由であ

雄別炭礦鉄道ハ5　記録上もと国鉄フハ3103（旧鉄道作業局）だが、台枠に明治22年平岡工場製の銘板があり車体は大正期のもの。　雄別炭山駅

るが、形態からみると大正期製の車体であった。

　機関区を訪れると　驚いたことは15時で事務所は終
業で既に鍵をかけて係の人が帰ってしまったのでデー
タは一寸わかりませんという現場の人の話。折角最大
の期待をかけて終点の炭山駅まで上ってきたのにガッ
カリしたが、仕方がないので庫内の機関車群のメモ
を始めた。既述の江本広一氏の「釧路で見た機関車」
に詳細な在籍表が出ていて、まるで蒸気機関車の天国
のような所と思っていたが、来てみると既にないもの
が少なくなく、いささか拍子ぬけである。第一線に立つ
機関車、即ち、釧路までの本線を往復するのは先のC

雄別炭礦鉄道103の後ろ姿　　　　雄別炭山機関区

雄別炭礦鉄道103　運転整備重量40トン、軸配置1C1型という日本に輸入されたKoppel製の機関車としては最大型の製品。同形機に104、105があった。
大正13年製でこの鉄道創業時に購入された。すでに本線列車を牽くことはなく、もっぱら雄別炭山駅構内の入換機であった。
　　　　　　　　　　　　　　　　　　　　　　　雄別炭山機関区

118、8721の外には1001、C1256といった近代型機関車で、1001は形式C56とあるように国鉄C56形と同形、三菱神戸造船所製番290－昭和16年製、C1256は茨城交通から来たという、これまた国鉄C12形と同形で、茨城交通の前は相模鉄道の所有だったと聞いている。丁度検査中で解体されていた。銘板は残っていない。構内入換や炭山乗リ入れにはKoppel製のタンク機が当っている。103、104、106は1C1形、日本に輸入されたKoppel製機関車のなかでは最大型で、運転整備重量が40トンもある。内地でよく見られる小型機ではない。同系の機関車が北海道鉄道（2代目）、貝島炭礦に入っていることをあとで知った。また、その後に夕張鉄道でも同系機を見た。103、106の刻印を調べると製番10241、11124ということがわかった。104は外注検査で居なかったが、103が10242と刻印した動輪を持っているところから見ると、これが104の製番ではないだろうか。205はC型タンク、これもKoppelらしいが特有の製番を示す刻印は見当らなかった。

　余り動いていないらしい9046は軸配置1Dのコンソリデーション型である。Baldwin製、製番30453－Mar.1919製であるが、ここで先に述べた寿都鉄道のことを思い出していただきたい。寿都鉄道にも9046は存在し、しかも雄別炭礦鉄道から買ったというのである。9046がはしなくもここに3輌登場してくる。一つは国鉄から寿都鉄道に払い下げられた9046でこれはすでに寿都鉄道で廃車されている。次は現在の寿都の9046で雄別炭礦の9046を買ったと称するもの。最後は今、雄別炭礦にいるこの9046である。だが1919年製の9040形など存在するわけはない。この機関車の前身は後に美唄鉄

道の帳簿により同鉄道の1号であって、昭和24年7月雄別炭礦鉄道に譲渡されたものであることがはっきりした。当時雄別には9045というこれは本当の9040形があって、美唄の1号は9040形とはどうみても同形とはいえないが、同じ1D型という軸配置の関係で雄別では同形とみなし、続きナンバーの9046としたものらしい。では9045はどうなったかと係の方に聞くと、どこかへ売ったが憶えていないという答えであった。雄別も寿都も帳簿上のデータを得ていないが、次のように、推測できる。寿都鉄道が昭和25年に国鉄から購入した9046が本物であり、この廃車後雄別から9045を買い、9046と改号して使用した。従って現在存在する2輌の9046は何れも本来の9046でなかったという結論になる。

　江本広一氏の「釧路で見た機関車」の雄別炭礦鉄道の機関車一覧表にのっている7222、7221はすでに廃車解体、234は東栄工業（釧路の修繕業者らしい）へ売却されたと聞いた。

　17：30時山を下り、釧路へ帰ったが釧路臨港鉄道も雄別炭礦鉄道も尻キレトンボの調査に終リ、いささか残念であった。

根室拓殖鉄道

　8月16日の8：25時、釧路駅から根室行5レに乗車する。この列車は前日の午後に函館から急行「まりも」として発車し、旭川経由で7：51時に釧路に到着したものである。札幌—釧路間には二等寝台車も連結されていた。その編成の一部が列車番号はそのままで、普通列車となって根室まで直通するのである。寝台車は

根室拓殖鉄道キハ2　戦後製の珍しい単端式ガソリンカー（いま風にいえばレールバスだろう）。　　　拓鉄根室駅

根室拓殖鉄道キハ3「銀竜号」　昭和24年にキハ2と同じメーカーで製
作された貨物車に木造の客室を載せた奇怪な形態のガソリンカー。木造
の客室部車体裾に手書きで「銀竜号」の標記が見える。　　拓鉄根室駅

もちろん編成から外されていたが、二等車はそのまま連結されていた。

牽機は68679〔釧〕（日本車輌大正13年製）で、スハフ442、スハ453、スハフ441、スハ4527、オロ3564、スユニ301、マニ6034の順番で編成されていた。マニ6034を除いて全部函館客車区の所属客車であり、鋼体化客車を中心とするこの区間では例外的な豪華編成といってよい。スハ4527の一隅に席を占めた。

相変わらず空はどんよりとして、雲が低く垂れ込め、霧雨模様のところもあった。根室の天候が気がかりである。北海道でありながら、車窓からの景観は広葉樹林が中心であったが、根室に近づくにつれて牧草地が目立つようになった。霧はますます深くなり、厚岸湾も霧の中で、眺望はまったくきかない。

厚岸駅では8620形の牽く鋼体化客車から成る編成の旭川行422レと交換、厚床駅では隣のホームに標津線の中標津行43レがC1263〔標〕を牽機とした木造客車2輌から成る編成で発車を待っていた。根室の2駅手前の西和田駅では、C58481〔釧〕の牽く釧路行442レと交換した。その編成も鋼体化客車から成っていて、オハ6272やスハユニ621が組み込まれているのを見た。スハユニ62形は珍しかったので手帳にメモした。厚岸と西

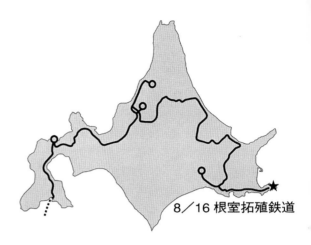

8／16 根室拓殖鉄道

和田での行き違い列車はすべて鋼体化客車を主とする編成で、木造車は1輌も含まれていなかった。

12：12時、定刻に終点根室駅に到着した。外はかなりひどい霧雨である。ついてないなと思いながら駅員に根室拓殖鉄道の所在地を尋ねると、国鉄駅からは10分くらい歩くのだという。地図で見ると、国鉄駅が市街の南縁に位置しているのに対して、拓殖鉄道駅は東縁に所在している。霧で曇る眼鏡を20mごとに拭きながら拓殖鉄道の駅を目指した。

一見、一般の民家と変わらない拓殖鉄道駅と同じ棟の本社を訪ねると、早速車庫に案内してくださった。「今年の夏は天候が不順で私たちはもう1ヶ月近く太陽を見ていないのですよ」と案内の職員が独り言のようにつぶやいたのが印象的であった。

根室拓殖鉄道は、根室から花咲半島の南岸に沿うて北海道最東端のノサップ岬（日本の最東端）を目指した軌間762mmの鉄道で、昭和4年10月に根室―婦羅理間を、同年12月に婦羅理―歯舞間を開業した。当初は軌道法による特許を得て、根室拓殖軌道と称していたが、昭和20年4月に地方鉄道に変更され、その前後に社名を根室拓殖鉄道と改めている。終点の歯舞駅は歯舞村の役場のある集落に位置し、歯舞以東は人口もいっそう少なくなっているせいか、ノサップ岬に近い鳥戸石までの路線の特許を得ていたものの、実現にはいたらず、昭和20年に特許は失効している。

「根室に行かない手はない。あそこにはバークレイのすごい機関車がいる」

と白井茂信さんにハッパをかけられて根室までやってきたのだが、蒸気機関車4輌（1―雨宮、2―Krauss、5―Bagnall、6―Barclay）と木造の客車2輌（ハブホ1、2―メーカーは竣功図に記載なし、大日本軌道鉄工部？）については、機関車は昭和27年5月と8月に、客車は昭和26年3月に廃車されて、すでにない。

現有車は3輌のガソリンカー（ディーゼルカーでは

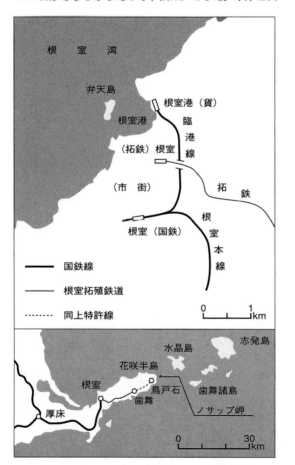

根室湾
弁天島
根室港（貨）
根室港
臨港線
（拓鉄）根室
拓鉄
（市街）
根室本線
根室（国鉄）

―― 国鉄線
―― 根室拓殖鉄道
…… 同上特許線

0　　　　1
km

水晶島　志発島
花咲半島
根室　　鳥戸石
厚床　歯舞　歯舞諸島
　　　　　　ノサップ岬

0　　　　30
km

根室拓殖鉄道キハ2　田井自動車工業というバスのボディメーカーが造ったキャブオーバー型バスを思わせる車体のガソリンカー。この車輌がこれも小さな無蓋貨車を牽いて走る姿は正に辺境の軽便鉄道であった。昭和24年製。
拓鉄根室駅

ない）て、おかしいことに竣功図ではジ1、キハ2、キハ3とあるものが、現車の標記ではそれぞれ、G3「ちどり号」、キハ2「かもめ号」、キ1「銀竜号」、と番号がまったく逆順序になり、記号も異なるものとなっていたことである。使用開始の順序でいえば、竣功図の方が合理的であるが、ここでは竣功図の番号を基準として述べることとする。

ジ1は日本車輌昭和6年製の銘板のある単端式2軸車で、私は日本車輌製のこのタイプのガソリンカーで多分原形に近い形態のものを初めて見て、いささか感激した。会社の書類では昭和7年12月製となっていた。フオードA形30馬力を装備し、車体の標記では自重3.5トン、定員35名（竣功図では21名）、客扉は片側1箇所で観音開き、運転席は右側配置である。座席はロングシートで全部平板張りである。車軸はコロ軸受けて、戦後に改造されたものであろう。

キハ2は田井自動車工業、昭和24年7月製、製造番号102、形式TB1の銘板のあるキャブオーバー型の単端式ガソリンカーで、自重4.9トン、定員44名、ニッサン180形85馬力装備である。竣功図では昭和25年4月30日製となっていた。やはりコロ軸受である。

キハ3は同じく田井自動車工業、昭和24年9月製、製造番号1002、形式TB2の銘板のある、なんというか、ものすごい形の単端式ガソリンカーであった。竣功図では昭和25年4月30日製となっている。貨物動車として製作したものを昭和28年3月に客車動車に自社工場で改造したものといい、運転台席部分と木造の客室部分が別個に台枠上に載せられている。自重4トン（竣功図では5トン）、定員40名、キハ2と同じくニッサン180形85馬力は格好の悪いボンネット型に装備されていた。車軸はやはりコロ軸受であった。竣功図では旧番号キ1とあったのは何を意味するのだろうか。

田井自動車工業というメーカーは札幌市に所在するバスのボディーメーカーらしく（製造銘板にあった英語標記は「TAI　BODY」とあった）、他の鉄道に車輌を供給したことは聞いていない。車体の材質はスチールとジュラルミン(注10)を混用したようで、すでに車体下部には腐食が現れていた。

書類などを写しているうちに、「ちどり号」が歯舞から帰ってきて車庫に入り、代わりに「銀竜号」が無蓋

27．6.15 改正 根室一歯舞 侮（根室拓殖鉄道） 745 1100 1410 1640 粁 円 発根着歯 室着舞発 740 1030 1500 17刊 845 1200 1510 1740 15：1 100 640 930 1400 163刊

69

貨車1輌を牽き、16：40時発の下り列車として大分早めにホームで発車位置についた。この珍しいガソリンカーの走る姿を撮影したかったが、帰りの国鉄列車の発車時刻より遅いのであきらめた。本当は1往復くらい乗車したかったが、これは日程上とうてい無理で最初からあきらめていた。ちょっと残念だった。

漁港として繁栄していた港湾地区や市街部を廻って国鉄駅に戻り、16：00時発函館行4レして釧路への帰途についた。午前中に利用した編成がそのまま使われていて、機関車も同じであった。今度はスハ453に席を取った。車内はすいていた。厚床駅ではやはり午前中に見たC1263が混合列車を牽いてホームに止まっていた。客車は2輌で多分午前中に見たものと同じものだろう。ホハ12111とナハニ15550、ともに木造の中型基本型客車である。厚岸駅で交換の根室行421レは、C58531〔釧〕が牽引する長い混合列車であったが、編成中のオハ6232、オハ6231、オハ6070、スハ4268の4輌（全部名寄客車区所属）を厚岸駅で切り離し、残るスハニ629、オハ6280、オハ6241、オハ6018、オハフ607（全部旭川客車区所属）だけを牽いて発車していった。この列車は旭川駅からの直通列車である。

20：00時、釧路駅に到着した。なんとも列車に乗っている時間の長い日であった。往路3時間47分、復路4時間の乗車時間に対して、根室拓殖鉄道の本社と車庫にいたのは2時間半ばかりであった。

（注10）ジュラルミンは、アルミニウムに銅、マグネシウム、マンガン、珪素などを加えた軽合金で強度が大きく、とくに引っ張り強さに優れている。第二次大戦中に飛行機の構造材として広く用いられ、消耗の激しい軍用機生産には不可欠の素材であったが、敗戦の結果、大量のジュラルミンの在庫が民間用に転用された。鉄道でもジュラルミン製車体の電車がつくられ、つり革の素材としても用いられた。しかし、耐蝕性が劣り、長年湿った空気や雨露に曝されると腐食が甚だしく進行したので、一時的な利用に終わった。

雄別炭礦鉄道尺別専用線

8月17日5：31時、眠い目をこすリながら新富士駅から滝川行434レに乗る。乗った車はスハ32形だったが、そのまま眠ってしまって、列車編成のメモを取らずじまいだった。6：33時尺別駅を発車したとたんに気がついて飛びおりるまで何もおぼえていない。

雄別炭礦鉄道尺別礦業所専用線は国鉄の駅から100メートルばかりはなれた社尺別駅が起点駅であるが、6：25時発車してしまっていて、国鉄列車との接続など全然考慮に入れていないらしい。駅長さんに来意を伝えると、早速機関区に連絡、しばらくすると保線用のレールカーが迎えに来たのには恐縮した。

この専用鉄道は第二次大戦中の昭和17年の開通である。国鉄駅より約10キロほど山に入った新尺別の機関区には現在5輌の機関車が所属している。C12001は最強力の機関車で昭和23年日本車輌製（製番判読不能）。土佐電気鉄道より昭和27年に譲渡されたもの。国鉄C12形と同形である。101はC1型タンクで昭和17年10月本江機械製で前所有者は加悦鉄道、昭和23年譲受けた。メーカー形式C140、RC17号に小熊米雄氏により報告されている三菱上芦別専用線102、103と同形と思われる。番号も101～103と続いているが、『もはゆに』6号にのっている「ツル操メモ」（丸森茂男）をみると、昭和23年8月14日に102、昭和23年9月6日に101が加悦鉄道から美唄へ回送のためツル操（新鶴見貨車操車場）を通過したことが報告されている。美唄も上芦別、雄別炭礦も共に三菱鉱業系である。101の方は履歴簿によると、加悦→尺別と直接に購入されているので美唄行というのは書類上のことなのかもしれない。本機は昭和23年8月31日加悦鉄道を発し、9月17日尺別に到着しているので、9月6日のツル操通過とは符号してい

雄別炭礦鉄道尺別専用線101　昭和17年本江機械製作所（のちの立山重工業）製。C1型という比較的珍しい軸配置の40トン型機関車で加悦鉄道より譲渡された。　　　尺別機関区

雄別炭礦鉄道尺別専用線1311　1922年Baldwin製のC型機で、国有化されたもと北海道鉄道発注の30トン型機。やや大きなオーバーハングが特徴。昭和27年譲渡されたが、それ以前から借入れ使用していたという。サイドタンクに北海道鉄道旧番号の3が透視できた。　　　　　尺別機関区

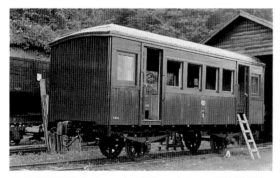

雄別炭礦鉄道尺別専用線ハ3　西武鉄道から譲受けた川越鉄道創業時の客車。しかし車体更新工事中の姿で、軸箱に川越鉄道の社章、台枠には鉄道省の文字が見えた。　　　　尺別機関区

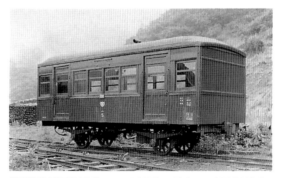

雄別炭礦鉄道尺別専用線ハ5　西武鉄道から譲受けた川越鉄道創業時の客車だが、戦時中にこの車体形態に改造された。台枠に明治22年平岡工場の銘板があった。　　　　尺別機関区

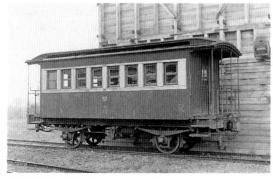

雄別炭礦鉄道尺別専用線ハ13　もと美唄鉄道の客車で、その前身は国鉄フハ3431（旧官鉄北海道部）。しかし車体形態は後年のもの。　社尺別駅

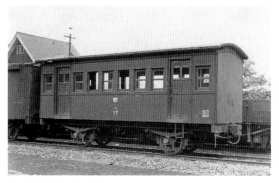

雄別炭礦鉄道尺別専用線ハ17　もと美唄鉄道の客車で、その前身は国鉄ハ2361（旧参宮鉄道）。車体は改造でまったくの別形。　尺別機関区

る。1311はBaldwin No.55426-May、1922年製のC型タンクで国鉄に買収された北海道鉄道（2代目）3号であったもの。昭和23年に貸与となり、昭和27年に譲渡された。2411はBerliner No.3303-1904年製。昭和24年払い下げ、2196はNorth British No.15940-1903年製、昭和25年払い下げである。すべてメーカー、製造年、製番を銘板で確認した。

客車は時間がなくデータを写せなかったので、見たものだけを書くと、何れも二軸客車でハフ1、2、ハ3～5、13、17があった。このうちハフ1、2、ハ3

8／17 雄別炭礦鉄道
尺別専用線

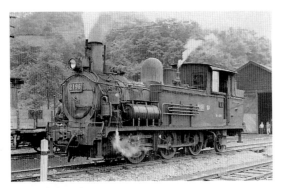

雄別炭礦鉄道尺別専用線2196　North British 1903年製のB6形。山元での構内入換に活躍していた。　　　　　　　尺別機関区

雄別炭礦鉄道尺別専用線2411　Berliner 1904年製のB6形。上の2196同様に日露戦争時にいったん満州に送られた機関車。　尺別機関区

雄別炭礦鉄道尺別専用線C12001　昭和23年日本車輌製。国鉄C12形と同形で土佐電気鉄道の自社発注機。本線列車牽引の主力機。　尺別機関区

～5は元西武鉄道の客車（同番号―中川浩一氏による）で何れも車体を更新している。窓配置は1D4D1であるが、ハ5の間柱は他車に比して細く、戦時中の西武更新車の形態を伝えていた。銘板はハ5の台車枠に明治22年平岡工場製を示すものがあった他は見当らず、又、ハフ1、2の竣功図を見ると昭和27年5月三田製作所製とあるからこれが更新に当ったメーカーなのだろうか。ハ13、17は元美唄鉄道の客車（同番号）でハ13は窓配置0.8.0、ダブルルーフが原形らしいが、ハ17は更新されたとみえて1D6D1、シングルルーフになっていた。ともに銘板はないが、後で美唄鉄道に残っていた書類では、ハ13は明治40年新橋工場製、国鉄フハ3431、大正4年美唄鉄道へ払い下げ（認可）後にハ3となり（大正5年）、昭和3年にハ13と改称した。昭和24年5月上芦別へ譲渡となっている。上芦別を経て尺別へ来たのか直接来たのかは尺別の帳簿を見ればはっきりするわけである。片やハ17は明治26年平岡工場製、国鉄ハ2361で昭和2年美唄鉄道へ払い下げ（認可）、翌年直ちにハ17となった。昭和24年11月尺別へ譲渡されている。車体は改造によって製造時の原形をとどめていない。

十勝鉄道

12：45時　私の乗車した410レは帯広駅に到着した。駅前に出てみると天皇陛下奉迎の人々の大群にぶつかった。ついうっかりとその群に加わったのが運のつき、帯広機関区の裏にある十勝鉄道帯広大通駅に着いた時はもう13：00時発の戸蔦行は発車した後だった。

十勝鉄道は日本甜菜製糖の系列会社で、十勝平野（沖積平野ではなく、河岸段丘として開柝された隆起扇状地である）南西部に合計47.9kmの営業路線（762mmゲージ）をもっていた。沿線の契約農家から出荷された甜菜を帯広南郊の製糖工場に運ぶとともに旅客輸送も行

十勝鉄道ＤＣ１（昭和26年日立製作所製）の牽引する戸蔦・八千代行き列車　次位の客車はコホハ31＋コハ13＋コハ23＋コホハ32＋ワフ３など。紙製の小さな日の丸の小旗をもって天皇・皇后両陛下をお出迎えして帰途につく乗客で満員、軽便鉄道としては長大な編成となった。
帯広大通駅

なっていた。もともとは日本甜菜製糖の前身である北海道製糖の専用鉄道として大正初期以降路線の延長を重ねたが、大正13年に地方鉄道に変更、十勝鉄道となった。昭和20年頃に明治製糖系の河西鉄道（十勝清水起点）を合併したが、この方は帯広側の常盤―上美生間とともに昭和27年に廃止されていた。すでに自動車輸送の脅威の前に苦しい経営を強いられていた。

車庫・工場は3.4キロ先の工場前というところにあるという。駅には全長5メートルたらずの単車がずらりと並んでいる。いくら762㎜ゲージの鉄道にしてもこれはちと小さすぎる。車体は概ね造りかえているので見たところ割にきれいである。16：10時になってやっと次の列車が出る、DC1というLC型のディーゼル機関車（日立笠戸工場製、12065、昭和26年製）が牽き、後に続くはコハ1形、9形、21形といった二軸客車群とやや大型のコホハと称するボギー車である。

駅から500メートル位のところで右手から1067㎜ゲージ線が近づいてきて、一緒になる。というのは1067㎜ゲージの中に762㎜ゲージの細いレールが入りこみ、4本レールという珍しいレール配置となるのである。1067㎜ゲージ線は日本甜菜製糖と国鉄とを結ぶ貨物線で工場前まで通じている、客扱線は全部762㎜ゲージだから1067㎜ゲージ用車輌は機関車だけである。次の四

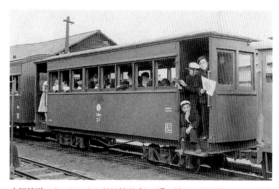

十勝鉄道コホハ31　もと谷地軌道（山形県、神町―谷地間、昭和10年廃止）の客車で大日本軌道鉄工部製。
帯広大通駅

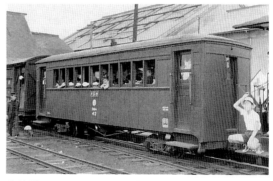

十勝鉄道コホハ43　もと南筑軌道（福岡県、羽犬塚―山内間、昭和15年廃止）の客車。メーカーは不明。
帯広大通駅

十勝鉄道4＋コハ11 大正9年日本車輌製の12トン機。同形機の3、5とともに762ミリ線の主力機関車であった。日本車輌の機関車としてはごく初期の製品で、原発注者は北海道製糖である。
帯広大通駅

十勝鉄道5 上掲の4号の同形機で検査中の姿。　十勝鉄道機関区

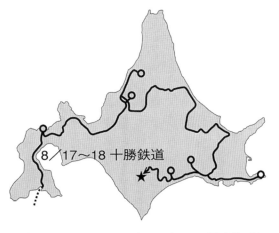

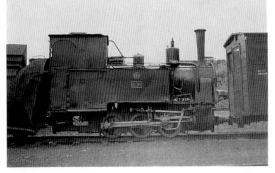

十勝鉄道6 1923年Koppel製12トン機。すでに使われていない状態であった。　十勝鉄道機関区

中前というあたりは落ち着いた感じの田園地帯である。畑地と散在する文化住宅、澄んだ小川と、美しい帯広の郊外である。間もなく工場前に着く、客車は全部出払っていて1輌もいない。業務課という所でデータをうかがってから機関区に案内していただいた。

1067mmゲージ用機関車は2と2653の2輌。2は典型的なKoppel機で大正13年製（製番10600）、江本広一氏によると元河西鉄道の機関車であるという。2653は、いうまでもなく国鉄払い下げのBaldwin製B6形、昭和26年9月に購入した由である（27年1月認可）。

762mmゲージ用は4輌ある、3〜5は日本車輌初期の

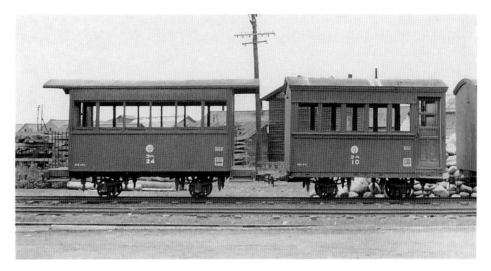

十勝鉄道コハ24（左）とコハ10（右）　ともに大正15年北海道製糖の自家製とされる小型2軸客車。帯広大通駅

十勝鉄道コハ3（左）とコハ7（右）　ともに大正12年製という小型2軸客車。のちに河西鉄道となる小清水線から転属。帯広大通駅

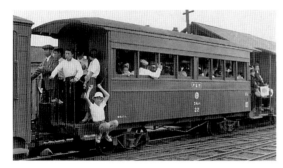

十勝鉄道コホハ22　明治44年雨宮鉄工所製で、もと中国鉄道稲荷山支線の客車で、製造時の原型であろう。帯広大通駅

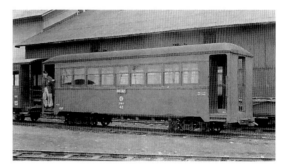

十勝鉄道コホハ42　南筑軌道より購入の木造客車（73頁下参照）を昭和28年泰和車輌（札幌）で鋼体化。帯広大通駅

| 29. 5. 1 改正 | 帯広大通——戸蔦——八千代 ㊚ （十勝鉄道） |

							粁	円	駅名							
8 00	9 20	10 50	13 00	16 10	17 25	18 50		円	発 帯広大通 着	7 34	8 36	10 21	12 34	15 16	16 49	18 21
8 32	9 53	11 22	13 32	16 46	17 59	19 13	5.7	30	ク 農学校前 発	7 05	8 04	9 52	12 05	14 47	16~20	17 58
8 46	10 09	11 36	13 48	17 02	18 13	...	9.2	40	ク 川 西 ク	6 50	7 49	9 35	11 50	14 32	16 05	17 46
	10 40		14 10	17 33		...	15.0	60	ク 藤 ク		7 25			14 08		17 29
...	11 47		15 16	18 40		...	30.1	130	着 戸 蔦 ク		6 15			12 55		16 15
10 44	...	14 09	...	...	17 32	...	15.0	60	発 藤 ク	7 25	...	...	14 08	...	17 28
12 01	...	15 06	...	...	18 49	...	32.8	140	着 八千代 発	6 10	...	...	12 50	...	16 25

十勝鉄道キハ2＋コホハ44　昭和8年日本車輌東京支店製の小型2軸ガソリンカーが南筑軌道より譲渡の客車1輌を牽いて走る。帰宅の生徒と両陛下歓迎で帯広に出る人々で定員の少ないこの列車は超満員。

工場前駅

十勝鉄道4の牽く朝の通学列車が帯広大通駅に進入　国鉄帯広駅の裏手に当るこの付近は国鉄駅正面の商店街とはまったく違った静かな雰囲気の住宅地であった。

作品で、大正9年製、製番9、11、12（中川浩一氏による、このうち3の製番は現車では未確認）、6はKoppel大正12年製、製番10472という何れもC型タンク機、6は休車となっている。欠けている番号では1は日本甜菜製糖磯分内工場に現存する、先述のランケンハイマー製と称する蒸機、7は昭和15年本江機械製というC型機で北海道製糖小清水工場に転じたが、同工場廃止の後の消息は知れていないそうである。

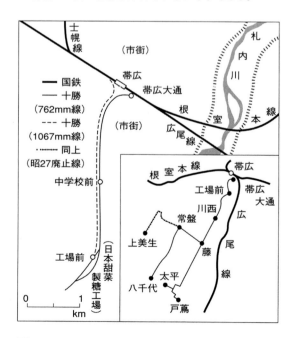

時代の寵児、ディーゼル機関車は2輌あり、先に述べたDC1とやはりLC型のDC2（日立製作所笠戸工場製、製番12135、昭和28年製）で、DC1のエンジンは民生KD4、気筒91馬力であるが、DC2の方はDMF13、6気筒120馬力とぐっと出力が増えている。

ガソリンカーのキハ1、2については、前者は昭和10年松井製作所製、後者は昭和8年日本車輌製で何れも正面フラット2段窓、客扉は片側1ケの二軸車で全長も夫々5170mm、6600mmと可愛らしい。エンジンは共にフォード製であった。

客車はなかなかの大所帯で、超小型の二軸客車とボギー車に別けられる。まず二軸客車ではコハ1形（3、4、7、8、11～13）は大正12年製、ドア1個付、同形のコハ1、2は昭和18年北海道製糖へ貸与、昭和23年譲渡、5、6は昭和22年やはり北海道製糖小清水工場に移っている。7、8は元は1～6とは別形式だったらしく、昭和13年にコハ1形に改造という記事があった。7を見たが、他の車に比して背が低く、形態がやや異なるが、車体更新未済による差異と見た方がよさそうだ。11～14は昭和9年製の貨車セ37～40を昭和16年に改造したものである。3、4、7、8の全長4222ミリに比してわずかに4600ミリと大型化されている、コハ9形（9、10）は旧北海道製糖ケ184、185の由で、大正15年北糖製、十勝に入ったのは昭和2年らしい。今はコハ1形と同形である。というのは近年どの車も

車体更新を行っているからで、台枠まで木造のこの種の車では更新＝事実上の新造という結果となるのである。コハ21形（21～24）は以上の車とやや異るオープンデッキの車で大正15年製とある。

　一方ボギー車も多士済々で、コホハ21形（21、22）は明治44年雨宮製、元中国鉄道カ1～7中の2輌。コホハ31形（31、32）は大日本軌道製（製造年不明）で旧谷地軌道の客車。以上ともにオープンデッキの形態である。コホハ41形（41～44）は製造所・製造年不詳で旧南筑軌道の車という。こちらはドア付である。「福岡県福島町山下鉄工所にて改修せるものを購入」という記録があった。変り種は42で、昭和28年12月泰和車輌で車体の鋼体化を行っているが、木造時代のドア付客車がかえってオープンデッキに変っている。十勝鉄道唯一の上昇窓車となった。

　十勝鉄道の現在車輌はそれで全部だが、書類を見て気が付くことは北海道興業、同製糖、日本甜菜製糖、河西鉄道といった明治製糖傘下の会社専用鉄道と車輌のやりとりが盛んなことである。十勝鉄道の研究にはこれら同系会社の車輌を平行して調べることが絶対必要であり、その意味で相当難解な私鉄といえるし、また調べがいのある私鉄ともいえるだろうと思った。

帯広駅に通じる大通りに並ぶ市民が歓迎する中を両陛下ご乗車のロールスロイスがゆっくりと走る。道路はまだ舗装されていない。

両陛下のご出発を待つ特別列車　最後尾の供奉車460＋同340＋御料車など。特別列車この日の牽機はD51 484〔旭〕であった。　　　帯広駅

十勝鉄道2（1067ミリ線）　1924年Koppel製の30トンC型機関車。主連棒が第3動輪にかかる独特の機構がわかる。　　　十勝鉄道機関区

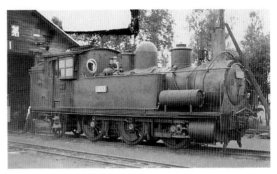

十勝鉄道2653（1067ミリ線）　1905年Baldwin製のB6形。昭和26年国鉄より購入した。1067ミリ線は2輌の蒸機のみ。　　　十勝鉄道機関区

芦別森林鉄道

　翌18日は9：40時434レで帯広駅を発車した。9：05時発が定時だが、天皇陛下の御召列車運転の関係で臨時ダイヤが組まれて少し遅れて発車したのである。

　新得駅の手前から北海道拓殖鉄道が並行する。南新得駅という拓鉄だけの駅があって機関区もある。車庫から8620形らしいテンダー機関車がちらと見え、キハ101、102という小型のガソリンカーが留置されていた。ややあって拓鉄の列車を追い抜いたが　その牽機はなんと8722である、機関車は8620形だけと聞いてこの私鉄の見学を予定から除いたことを後悔したが、もう遅い。牽かれている客車はナハ501とナハ502で、どちらかが鋼製で丁度オハ60形を17m化したような形、一方は普通型の木造客車だった。

　新得を発車するとがぜん急勾配区間となり、カーブも激しくなる。補機をつけてあえぎながら登っていくが、たどりついた狩勝峠から十勝平野、更に阿寒方面を望んだ眺望のすばらしいこと、今でもありありと思い浮べることができる。富良野駅で先行の御召列車を追い越す。構内に49631〔旭〕というありふれた9600形がいたが、その仮銘板に49648　大正9年川崎造船所製とあるのにはビックリした。どちらが本当の番号なの

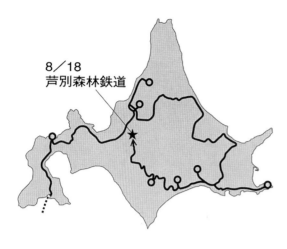

8／18
芦別森林鉄道

だろうか。

14：25時上芦別駅に着く。三菱鉱業の上芦別専用線と森林鉄道があるが、前者は国鉄の駅から相当離れているので、駅に近い森林鉄道を訪れることにした。ところが、今日はどうも運が悪いらしい。森林鉄道はお盆休みで翌19日から業務を再開するとのことで書類や写真は全くダメ、機関庫に納っている機関車群を見るに止った。ここの機関車については小熊米雄氏がRC17号および『機関車』10号に紹介されている。B11、B18、C28、C29、B30、B31の計6輌が在るが、哀れなのはB17、すなわち小熊米雄氏によって『機関車』誌上に報告されたBeatrice（ベアトリス）という固有名をもつ機関車である。すでに廃車になって久しく放置されているが、その荒廃はひどく、ファンの間に有名な機関車だけに残念なことである。保存運動もあった

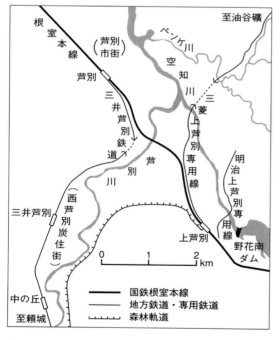

芦別森林鉄道機関区の一隅に荒廃した状態で放置された17号Beatrice　明治2

がうまく行かなかったそうだ。

三菱鉱業線の方は時間がなくてオミットしたが、次の芦別駅までの滝川行436レ車中から9600形らしき機関車とホハ15という黄色に塗った、鋼製ボギー車、他に二軸客車が3輌ばかり望見された。

三井芦別鉄道は三井鉱山芦別礦の運炭鉄道である。開礦は比較的新らしく昭和16年であった。その前年に専用鉄道として開業し、当初は下芦別（現・芦別）―西芦別（現・三井芦別）間のみであったが、芦別川上流への炭礦開発が進んで、昭和20年に頼城に延長され

…に長崎県松浦炭鉱が輸入したBagnall製8トンＢ型機。臼井茂信、小熊米雄両氏の調査でその特徴と経歴が明らかにされた珍機だった。

た。昭和24年に地方鉄道に変更されて、一般運輸営業を始めている。

　芦別川の谷沿いに走るこの鉄道は、炭礦の私鉄には珍らしいＣ58形機関車を持っているのと、戦災国電の復旧車がいることでよく知られていた。陛下奉迎のためにわざわざ町に出て来た礦山の人を貨車にまでつめこんだ列車は16：10時、Ｃ58-1にひかれて芦別駅を後にし、眼下に芦別川の深い谷を見ながら走る。最初ヤケ電であるサハ３に乗ったが満員で暑くてたまらず、隣のトムに移乗したところ、トンネルでＣ58からはき

出す熱気をふきつけられてひどい目にあった。

　やがて鉱山の中心地で機関区のある三井芦別駅に着く。駅から400メートルばかり離れた機関庫にはここの１号機であり、北海道には珍らしい5500形が淋しく放置されていた。炭礦地帯の立入リはここでも厳重で、機関区の見学は事務所の許可を必要とする。16：00時をすぎた今となってはその日の見学はもはや絶望であるので、機関区の職員には明日の再訪を約して引き揚げる。駅で写した客車の写真を唯一の収穫として芦別の宿屋に落ちついた。

三井芦別鉄道1　もと国鉄5542（1897年Beyer Peacock製、旧日本鉄道）。昭和15年の専用鉄道開業時から使用された。北海道の炭礦鉄道でイギリス型2B型テンダー機は珍しかったが、すでにあまり使われない状態であった。
三井芦別機関区

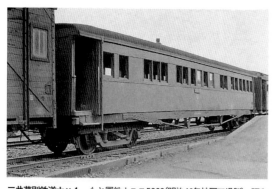

三井芦別鉄道ナハ1　もと国鉄ナユニ5363（明治42年神戸工場製）。昭和22年国鉄より購入時に鉄道同志社で三等車に改造。
三井芦別駅

三井芦別鉄道サハ3　国鉄モハ31形の戦災復旧車で昭和23年日本鉄道自動車復旧。北海道で戦災復旧電車はここだけの存在だった。　芦別駅

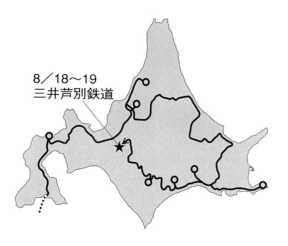

8／18〜19
三井芦別鉄道

三井芦別鉄道

　翌朝は昨日の上天気はどこやら、雨がザンザン降っている。明日撮ろうなどと昨日撮影を保留した機関車の写真はこれでオジャンとなった。とにかく8：30芦別発の頼城行で再び三井芦別に向い、昨日教わった保安課というところへ許可をもらいに行くと、庶務課にまわされ、更に車輌課に連れてゆかれたが、車輌課の方は親切にいろいろ説明して下さる。いただいた竣功図やそこで見た帳簿を総合するとここの車輌は次のようなものであった。

　機関車　1、元国鉄の5542で英国型テンダー機は北

三井芦別鉄道ニ1　もと胆振鉄道フハ3（旧国鉄フハ、明治33年日本鉄道月島車輌製）昭和19年購入、26年鉄道同志社改造。　芦別駅

海道には珍しく、寿都鉄道の5552がすでに解体されてしまった今日、恐らく北海道に在る唯一の5500形だろう。バイヤービーコック製、銘板はない。三井芦別鉱業所専用線の時代からの機関車で昭和17年5月8日に使用開始届が出ている。

C11-1、C11-2、国鉄C11形と全く同形で日本車輌昭和22年製（22年8月12日付　使用開始届）、C11-3となる予定の同形機もあったが、これは昭和24年9月8日付で三井奈井江鉱業所専用線へ転じている。

C58-1、C58-2　国鉄C58形と殆んど同形で内部構造

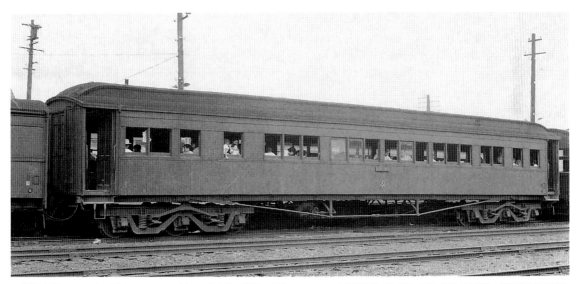

三井芦別鉄道スハ1　もと国鉄マユニ29003（大正10年大井工場製）。全長20メートルの大型基本形3軸ボギー客車で昭和24年購入、鉄道同志社で改造。
芦別駅

	粁	円	駅													
			芦別発	…	6.20	8.35	10.55	…	13.20	15.05	16.10	17.19	18.40	…	21.24
	4.1	10	三井芦別	5.50	6.47	9.05	11.20	12.49	13.50	15.21	16.28	17.37	19.00	20.51	21.33
	5.8	10	中の丘	5.57	6.54	9.13	11.28	12.57	13.57	15.28	16.36	17.44	19.07	20.58	21.45
	7.5	20	線泉	6.04	7.01	9.20	11.35	13.04	14.04	15.35	16.43	17.51	19.14	21.05	21.52
	9.1	20	頼城着	6.09	7.06	9.26	11.41	13.10	14.09	15.40	16.49	17.56	19.19	21.10	21.57
	粁	円	頼城発	5.17	6.20	7.20	9.48	12.08	13.22	15.00	16.05	17.14	18.30	20.10	22.05
	1.6	10	線泉	5.23	6.26	7.27	9.55	12.15	13.29	15.06	16.12	17.21	18.36	20.16	22.11
	3.5	10	中の丘	5.29	6.32	7.34	10.02	12.22	13.36	15.12	16.19	17.28	18.42	20.22	22.17
	5.0	20	三井芦別	5.42	6.39	7.50	10.20	12.53	15.30	16.42	17.50	18.49	20.35	22.24	
	9.1	20	芦別着	5.52		8.00	10.30	12.53	14.01	16.52	18.00		20.45		

29・5・1改正　芦頼別城間（三井鉱山芦別鉄道）

に僅かの相異があるそうだが、外観では全く同形である。汽車会社　昭和24年製、製番2591、2592。銘板が完全なのはこの形だけである。

9600-1、9600-2　国鉄9600形の払下げ機関車で、前者は大正9年川崎造船所製の39694（昭和24年12月6日　使用開始届）、後者は大正10年川崎造船所製の59616（昭和27年4月30日　使用開始届）である。

他に2、3というタンク機が川上幸義氏により紹介されているが、2（昭和18年4月28日　使用開始届）は昭和29年5月29日付で廃車届がでている。

客車　最古参はホハフ1（昭和16年9月11年使用開始届）で大正9年日本車輌東京支店製　旧飯山鉄道のフホハ1で、同形のフホハ2は土佐交通に在るとあとで中川浩一氏から教示があった。国鉄標準中形ボギー車に相当する客車でダブルルーフ、原形は崩していないように思われる。ニ1（昭和19年3月5日　使用開始届）明治33年日本鉄道月島車輌製作所（あまり聞いたことのない工場だが銘板にはそう書いてあった）製の二軸客車で、元胆振鉄道のフハ3であった。最初フハとして使用されたが昭和26年鉄道同志社（旭川）で荷物車に改造された。ナハ1（昭和22年11月10日　使用開始届）元国鉄ナユニ5363で、明治42年神戸工場製、シングルルーフの客車で、ナユニ→ナハの改造は購入に際して鉄道同志社で行われた。

サハ1～3　昭23日本鉄道自動車製（昭和23年10月8日　使用開始届）は北海道唯一の戦災国電復旧車である。3輌とも台枠を下からのぞくと梁にたくさんのリベット穴があけられていて、もと電動車であったらしい。また、魚腹台枠であり、車体の腰板の高さから察すると昭和4、5年製のモハ31001～069の中に含まれることがわかる。復旧にあたって車体のリベットがすっかりなくなっていて、熔接構造に変わっていた。写真では3扉型のように見えるが中央ドアは閉め殺しているので実際は2扉である。妻面はドアをつぶし、屋根は切妻形とされ、元の雨樋の部分で部材を熔接した跡がよくわかる。室内は肋骨天井でモハ63形を思い出させるお寒い工作だった。客車なのだから当然自重より考えてオハフと称すべきものだが、サハという電車の記号をそのまま用いているのはまだしも、形式をモハ3600と称しているのにはびっくりした。聞けばオハフ1～3と称するつもりで書類を出したところが、元がサハなのだから、そのままでよいではないかという陸運局のアドバイス？でこういうことになったのだそうだ。旧番号モハ31036、31070、31104となっているが、帰京後、国電ファンの小粥敏弘さんに聞くと、3輌とも魚腹台枠であることより考えて昭和4、5年製

となるはずであり、魚腹型のUF20形台枠ではない31070と31104は明らかに該当しないという。

スハ1（昭和24年3月8日　使用開始届）は当鉄道唯一の20メートル車である。大正10年大井工場製で元国鉄マユニ29003というダブルルーフの木造3軸ボギー車である。マユニ→スハの改造購入に際しての工事は鉄道同志社に行われているが、室内の仕切を撤去して全車通しの3等車にするのは強度上かなり無理があるそうで、垂下を防ぐため室内の中心線上に多数の支柱を設けている。

以上が客車の全部であるが室内の共通なことはオールサイドシートであることで、それもすべて木板のみが使われているので乗心地はとても悪い。客車の銘板は全車揃っていて機関車と対照的だった。

三井奈井江専用鉄道

11：10時　根室本線432レで芦別を後にする。雨はいよいよ激しくなって、次の予定地である美唄鉄道もこれではウォースト・コンディションとなる公算が大である。茂尻には雄別炭礦の茂尻鉱業所専用線があってKoppelが2輌いると中川氏から聞いていたが車窓からは何も認められなかった。11：54時滝川着、11：56時、臨時列車の札幌行に乗りかえて12：25時奈井江に着く。本来ならば滝川発12：13時の小樽行24レで美唄へ直行するつもりだったが一足先に臨時が出ることがわかったので、24レ到着まで三井奈井江鉱業所専用鉄道をスピード見学するべくレインコートに身を固めて国鉄の駅から50メートルばかりはなれた専用鉄道のホームに出かけた。8865＋ホハフ1＋ホハフ2という古典味豊かな編成で、8865には川崎造船所大正2年、製番68の銘板があったが、帰京後、江本廣一氏に聞いたところ、8865の製番は63であるといわれるので、急い

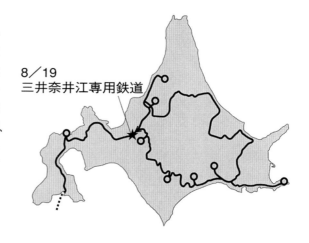

8／19
三井奈井江専用鉄道

三井奈井江専用鉄道8865 1911年幹線急行旅客列車用として輸入されたBorsig製の２C型テンダー機を大正２年川崎造船所でデッドコピーした機関車。第１動輪を主動輪とする足廻りに注意。同型機8864も奈井江で働いていた。　　　　　　　　　　　　　　奈井江専用鉄道駅

三井奈井江専用鉄道ホハフ１　日本鉄道国有化後に大宮工場で製造されたボギー客車と思われる。　　　　　　　　　　　　　奈井江専用鉄道駅

ていたから或いは8と3を見誤ったのかも知れない（渡辺肇『日本製機関車製造銘板・番号集成』〈1982〉ではやはリ63が正しいようだ）。ホハフ1は明治末期と思われる客車で留萌のホハ2854などとよく似た国有化後製造の雑形客車で、台車が古典物であるが、ホハフ2は日鉄標準形の外形魚腹台枠を持った車である。8865とホハフ1まで写し終ったところで早くも24レ到着。やっとのことて列車にとびのることができた。

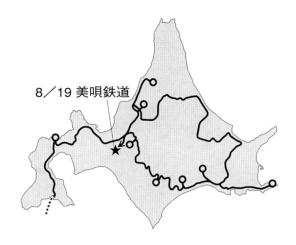

8／19 美唄鉄道

美唄鉄道

13：04時美唄着、隣接する三菱鉱業美唄鉄道ホームにはすでに常盤台行の列車が入っている。機関区は駅のすぐそばにあるので早速訪れる。

美唄炭礦は大正3年、石狩石炭の専用鉄道として国鉄美唄駅―沼貝（のちの美唄炭山）間を開業し、翌年には飯田炭礦のごく短い経営時代を経て三菱合資に買収された後、鉄道部門を独立させて美唄鉄道が誕生した。以後、三井美唄炭礦の石炭輸送に用いられたが、大正13年に美唄炭山―常盤台間を開業するとともに既設線と併せて地方鉄道に変更された。昭和25年に親会社の三菱鉱業に合併されて、その鉄道部門となった。

私鉄でE型機関車を持っている所はそうザラにある

ものではないが、その中でも私鉄で発注したE型を持っているのは、この美唄鉄道くらいのものであろう。機関車は何れも重量級のものばかりで、E型とD型のみである。

2、3、4は何れも美唄鉄道自身が国鉄4110形を模して三菱神戸造船所に造らせたE型で、それぞれ大正8、9、15年に製造されている。寸法、性能など4110形と僅かずつ異っている。E型はこの他に4122、4137（昭和23年）4142、4144（昭和24年）を国鉄より払い下げを受けている。すべて大正3年川崎造船所製だそ

美唄鉄道3 自社発注のE型タンク機関車で、大正9年三菱神戸造船所製、国鉄4110形と同型機であった（寸法諸元に僅かな相違がある）。日本の私鉄でE型機を保有していたのは、3′6″軌間では美唄鉄道と松尾鉱業だけである。

美唄駅

美唄鉄道4142 E型機は自社発注機3輛のほかに、戦後に国鉄から譲渡された4輛があって、この機関車はその1輛。大正3年川崎造船所製。昭和24年国鉄より譲受けた。　　　　　　　　　　美唄駅

美唄鉄道5 国鉄9600形と同形の自社発注機で、昭和15年川崎車輌製。　美唄機関区

美唄鉄道ナハフ3 昭和10年日本車輌東京支店製。国鉄オハ30系客車を丸屋根型にしたような半鋼製客車。　　　　　　美唄駅

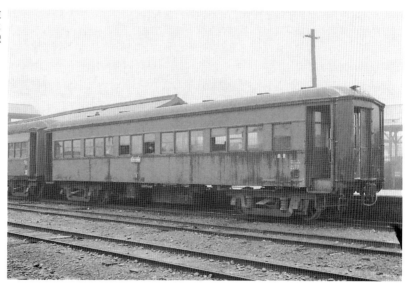

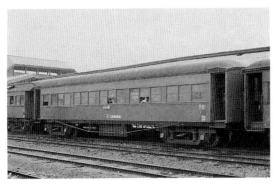

美唄鉄道ナハ5　昭和24年三眞工業製という木造客車で、国鉄ナハ22000形を譲受けて三真工業で丸屋根化を含む改造をしたらしい。　美唄駅

美唄鉄道オハフ9　もと国鉄オロハ301（昭和3年日本車輌製）。昭和27年に国鉄より譲受け改造されたが、外観は原型を保っていた。　美唄駅

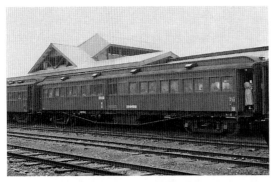

美唄鉄道オハ8　もと国鉄オハ8519だが、前身は明治42年新橋工場製の一等車で昭和26年国鉄より譲受け。もと3軸ボギー客車。　美唄駅

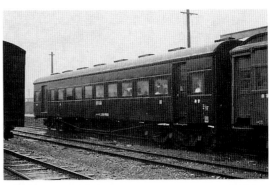

美唄鉄道スハフ6　もと国鉄スハニ19114（明治44年大宮工場製）で昭和25年譲受けたが、29年に3軸ボギーのまま鋼体化された。　美唄駅

うだ。すでに本線に出て来ない老朽機に昭和2年払い下げの9217がある。同時に払い下げられた9233は既に昭和24年に釧路埠頭へ売却されているが、9217の方は今でも日東炭礦の茶志内鉱業所に出張して元気に働いていると聞いた。5は国鉄9600形に模して昭和15年川崎造船所で新造した機関車で、これも9600形と僅かながら諸元数値が異なる。製番2393。それにしても昭和15年というD51形の全盛期に9600形を造るということは、私鉄の線路が弱いことと、この形が使いやすかったからであろう。6はもと国鉄9603で、昭和17年払い下げを受けたものである。

大正8年Baldwinで製造されて、昭和24年雄別炭礦を売却された1については雄別の項で述べたが、7010、7011といったKitson社製の珍品もつい最近までこの美唄鉄道に存在した。7010は早く樺太入りして失われたが、7011は昭和28年に解体されるまでこの鉄道に働いていた。他にも現存しない機関車が若干存在したら

しいが、詳しいことはわからなかった。

　客車はまことに新旧さまざまであるが、二軸客車はすべて処分され、現在はすべてボギー車である。ただ竣功図が一部脱落しているのに気がつかず、そのまま写してきたので完全なリストはつくれなかったのは残念であった。見たところではナハフ1～3、ナハ4、5、スハニ6、オハフ7、オハ8、オハフ9、ナハ10、までの10輌があるようだ。

　ナハフ1～3　日本車輌昭和10年製　スチール、シングルルーフ車でd.1.3.3.3.3.3dの窓配置（dは狭い幅の扉を指す）でオハ30系車をシングルルーフ化したような印象を受ける。美唄鉄道自体の発注になる客車である。

　ナハ4、5　日本車輌大正15年製（ナハ5の台枠取付の銘板による）、形式22000形と称しているところをみると元国鉄のナハ22000形を改造したものらしいが、昭和24年、羽後鉄道から譲渡されている。木造でナハ

29.5.1 改正								美　唄──常　盤　台　㊣				（三菱鉱業美唄鉄道線）							
								粁	円	発着	駅名								
603	725	906	1020	1320	1640	1827	2100			発	美　唄国着↑	646	807	930	1241	1546	1722	1909	2142
639	800	942	1055	1357	1715	1902	2135	7.5	20	ク	我　路発	622	743	906	1217	1522	1658	1845	2118
644	806	948	1101	1403	1721	1908	2141	8.3	20	ク	美唄山ク	617	738	901	1212	1517	1653	1840	2113
654	816	958	1111	1413	1731	1918	2151	10.6	30	着	常盤台発	605	728	850	1200	1505	1640	1828	2100

22000形をそのままシングルルーフ化したような形態である。製造所三眞工業となっているが、これは美唄鉄道で購入時の改造メーカーで、雄別ナハ11にこのメーカーの銘板があって、形もよく似ている。

スハニ6　昭和29年5月鉄道協和工業（函館）で鋼体化された20メートル客車だが前身は昭和25年10月に払い下げられたスハニ19114という3軸ボギー車である、国鉄のオハフ61形に似た車体の広窓車であった。

ここまでは竣功図にもあったのだが、以下は原簿から脱落していて、現車を見たまま書くと次のようになる。

オハフ7、4扉の20メートル級木造ダブルルーフの客車。窓配置はd2.2d2.2d2.2.2.dで、銘板はなかったが、形式8850形とあったところをみると旧国鉄の雑形客車が前身であろう。ロングシート。

オハ8　3扉の20メートル級木造ダブルルーフの客車、窓配置はd.2.2.2.2.1dで、銘板は明治42年鉄道新橋工場製、形式オハ8500形とあった。現在はロングシートであるが、前身は一等車であった。

オハフ9　半鋼製のダブルルール車で窓配置d.2.2.2.2.1.3.1d、もと国鉄のオハ30系の二・三等合造車の払い下げと推測できる。銘板はなかった。

ナハ10　広窓の木造シングルルーフ車である。昭和18年車体改造札幌運輸工業の銘板があった。ナハ4、5などと同系の国鉄基本形客車が前身のようである。

現在在籍しない二軸客車はハ10形といわれたが、11〜20の10輛があったと記されていた。このうち、ハ11〜14は明治40年、新橋工場製で国鉄の旧番は夫々フハ3432、3430、3431、3433であり、ハ11が大正3年、ハ12、13が大正4年に払い下げ認可を受けている。ハ11〜13は昭和24年、ハ14が昭和27年に三菱上芦別礦業所へ譲渡（ハ14は貸与となっていた）となっているが、ハ13が尺別に現存していた。ハ15、16は大正9年加藤工場製という自社発注の車で昭和26年やはリ三菱上芦別へ譲渡された。ハ17〜20は明治26年平岡工場製、旧国鉄ハ2361、2363、2364、2375で昭和2年払い下げ認可であるが、ハ17は昭和24年に尺別へ、ハ18は昭和27年に三菱上芦別へ、ハ19、20は昭和25年油戸炭礦へ（どこにあるか知らない。油谷の誤か）譲渡されている。これらはいずれも履歴簿の記載によった。

雨が小降りになった時を見計って写真を撮ってから機関区を辞し、美唄の駅前で食事をし、本を読んで閑をつぶしていると間もなく17：53発の函館行14レが到着する。満員で立ったまま岩見沢駅に着いてしまったが、ここで18：59時発の室蘭本線218レに乗り替える。鋼体化客車を主とする編成で、国体の選手団などが乗り込んで混雑したが、19：29時定刻に栗山駅着、直ちに夕張鉄道の最終列車にのりかえる。キハ251＋キハ201＋ナハ153という気動車列車が新夕張行で、大型のディーゼルカーには久方ぶりの対面であった。対向列車の上リ野幌行は木造客車などを混えた蒸気列車だったが、暗いのでよくわからなかった。キハ251は正面2窓の流行型で室内はキハ44000形などと同じように思われた。途中は相当な勾配で有名なスイッチバック方式の錦沢駅などもあるが、真暗でさっぱりわからないうちに20：38時鹿ノ谷駅に着いてしまった。鹿ノ谷駅の周辺は旅館などまったくなく、時間的にも遅いので困っていたら、夕張市街へ回送するバスの車掌が拾ってくれて、旅館を紹介してくれた。

北炭夕張化成工業所

旅館を8：30時に出発。すぐバスで若菜辺の北海道炭礦汽船の夕張化成工業所に向かった。若菜辺のバス終点から徒歩10分ばかりにあるこの工場は主としてコークスを作るのが目的であるが、ベンゼンやナフタリンのような副産物の生産も近年は軌道にのった由である。私がこの工場に興味をもったのは現存する最古の国産機関車7150−大勝号−を見るためであった。『鉄道ピク

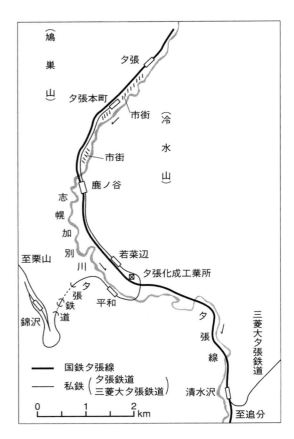

夕張化成工業所7150　北海道炭
礦鉄道手宮工場で明治28年に製
作された２番目の国産機関車〝大
勝号〟。荒廃した状態で放置されて
いた。

夕張化成工業所7150
〝義経〟〝弁慶〟を含む7100形をコピーした形態であった。島崎英一、小熊米雄氏らの努力で昭和29年に苗穂工場で復元され、現在は小樽交通記念館に保存されている。

トリアル』昭和29年6月号に島崎英一氏（この旅行中に札幌のご自宅におたずねしていろいろと教えていただいた）により発表されて一躍有名になったが、機関車そのものは既に休車されて久しく、側線の一隅にキャブの屋根すらない状態で荒れるにまかせてあった。一昨日見たBeatriceといい、この大勝号といい予想以上にひどい状態なので驚いたが、大勝号の方の復元話はスムースに運んだようだ。めでたし、めでたし。もっとも近頃復元される車はどうも北海道のが多い。義経形などは薬がききすぎて一挙に3輌も復元、交通博物館に保存の弁慶を入れて4輌も出来上ってしまったのだからいささか驚いた。在道の先輩の方々の御努力に敬服すると同時に、松本電気鉄道に保存中のハニフなど一日も早く復元してほしいものだ。

夕張鉄道

　早々にここを辞してバスで夕張鉄道の車庫のある鹿ノ谷に向った。車輌課に来意を告げるとわざわざ主事、技師長の肩書のあるトップクラスの方が自ら案内して下さったのには恐縮した。
　夕張鉄道は北海道炭礦汽船（北炭）系列の石炭鉄道である。夕張礦を開いた北炭の前身、北海道炭礦鉄道は夕張川の渓谷沿いに鉄道を建設し、これが国有化後に夕張線となった。第一次大戦後、出炭量の増加に伴なって札幌・小樽方面へのショートカット路線が計画され、大正15年に新夕張一栗山間を、昭和4年に栗山一野幌間を開業した。昭和27年に道内の石炭鉄道のな

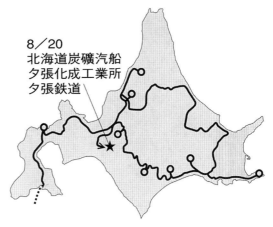

8／20
北海道炭礦汽船
夕張化成工業所
夕張鉄道

かでは他に先がけてディーゼル動車を導入し、列車の客貨分離に着手していた。
　この鉄道は旅客列車は大部分気動車化されている。野幌一新夕張間53.2km、1日直通5往復のうち4往復をたった3輌の気動車と3輌の附随車で運転するのは仲々いそがしい。そんなわけで車庫を訪ねても気動車などいるわけがないが、一般客車は閑とみえて構内あちこちに置かれている。まず機関車から見てゆくと、
　1、2　Koppelの1C1型で雄別炭礦の103形と同系統の機関車で、一般のKoppelとはやや異った形態で、運転整備重量43トンというKoppelらしからぬ大型タンク機であった。大正14年製（竣功図より）、製番をロッド刻印よりさぐると夫々11001、11002だった。
　6、旧国鉄2613でBaldwin製のB6形である。夕鉄の使用開始は昭和2年2月。

夕張鉄道 2 1925年Koppel製のＩＣＩ型43トンタンク機。雄別炭礦鉄道にも見られたような大型Koppel機で、同形のＩ号機とともに夕張鉄道開業時に購入された。
鹿ノ谷機関区

7、旧国鉄1113で2B1形のタンク機、動輪に6279というテンダー時代のナンバーを示す刻印があったが、帰京して調べてみると公表とピッタリ合っているのでかえって驚いた。ロッド刻印3967はメーカーのDübs社の製番と思う。昭和15年4月譲渡使用認可となっている。

11～14 夕鉄独特のコンソリデーションであり、丁度8620形のボイラーにＤ型の走行部を取りつけたような印象を受ける。北海道の石炭輸送の私鉄にＤ型機は珍らしくないが、大概国鉄機の払い下げか、そのイミテーションで自社独特のものを増備したものは少ない。この夕張機と美唄の1号（現雄別炭礦No.9046）位のものだろう。大正15年日立製作所製であるが、14は翌年の増備である。

21、22 国鉄9600形の同型機で21は昭和16年川崎車

夕張鉄道21 昭和16年川崎車輌製の国鉄9600形と同形機。のちに夕張鉄道は多数の9600形を国鉄から譲り受けた。
鹿ノ谷機関区

輌で新造したもの。美唄の5（川崎製）、三菱大夕張の4（日立製）と軌を一にするイミテーションもの。要項が9600形と少しずつ違っているのは美唄の場合と同

29.6.1改正							野　　幌 ── 夕張本町⓾（夕張鉄道）気動車								
…	…	520	855	1210	…	1530	…	1825 粁	円 発野幌⓾着↑	742	809	…	940	1350	1710	…	2046	…
…	…	549	918	1232	…	1552	…	1853 12.2	50 ク南幌⓾発	715	746	…	917	1323	1647	…	2019	…
…	…	603	928	1242	…	1602	…	1906 18.1	70 ク北長沼ク	703	737	…	904	1510	1638	…	2006	…
…	…	625	950	1252	…	1617	1700	1933 23.0	80 ク栗山⓾ク	(53	729	…	856	1300	1630	…	1955	…
…	…	640	958	1300	…	1625	1711	1940 27.4	100 ク角田ク	638	721	…	847	1242	1607	…	1912	…
…	…	715	1017	1319	…	1643	1735	1955 35.7	130 ク新二岐ク	620	707	━━	833	1228	1553	━━	1853	…
610	730	820	1055	1356	1620	1720	1830	2032 49.1	180 ク若菜ク	543	640	744	806	1201	1526	1701	1816	…
615	736	830	1101	1402	1630	1726	1840	2038 51.1	180 ク鹿ノ谷⓾ク	537	635	740	801	1156	1521	1656	1807	2105
620	741	836	1106	1407	1636	1731	1846	2043 53.2	190 着夕張本町発	530	630	730	755	1150	1515	1650	1755	2100

上表の他　若菜発 754、鹿ノ谷着 758

夕張鉄道13 大正15年日立製作所製の夕張鉄道独特のD型テンダー機。よく下回りは9600形といわれるが、動輪直径は1118ミリで9600形の1250ミリより
も小さい。
　　　鹿ノ谷機関区

夕張鉄道13 特徴ある2軸炭水車がよくわかるやや後方から見た姿で、炭水車の大きさと容量、シリンダの容量、伝熱面積も9600形や8620形と比較する
とずっと小さい。
　　　鹿ノ谷機関区

夕張鉄道キハ251＋キハ202＋ナハ153　先頭車は昭和28年新潟鐵工所製の液体式ディーゼルカー。この列車編成ではディーゼルカー2輌と付随客車1輌より成るが、総括制御はできない。
鹿ノ谷駅

様である。22は昭和24年1月、国鉄9682の払い下げを受けたものだった。

　気動車では、キハ200形は201、202の2輌がある。国鉄キハ42000系のイミテーションであるが、昭和27年新潟鐵工所製。ただ42000系が正面湾曲部が5窓なのに対して4窓になっている。機械式変速である、エンジンは新潟LH8X形150馬力。

　キハ250形、251　昭和28年新潟鉄工所製。形態からいうと国鉄キハ44000系の亜流で、液体変速機を用いた北海道最新の気動車である。東武キハ2000形や島原キ

夕張鉄道ナハ153　昭和15年日本車輌東京支店製の半鋼製客車。ディーゼルカーの登場とともにその付随車となった。
鹿ノ谷駅

夕張鉄道キハ202　昭和27年新潟鐵工所製の機械式ディーゼルカー。側面はキハ42000形に類似するが、正面の窓数が異なる。総括制御ができないので機関士が乗務しているのがわかる。
鹿ノ谷駅

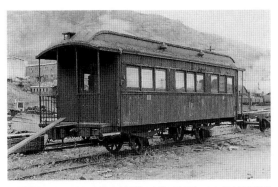

夕張鉄道ハ60　大正14年汽車会社製の木造2軸客車。もと神中鉄道開業時の客車フハ51で昭和13年に譲受けた。　鹿ノ谷機関区

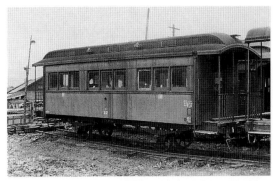

夕張鉄道ハ22　左のハ60と同じ履歴をたどって譲受けたもと神中鉄道ハ22。新造時の原型を保っている。　鹿ノ谷機関区

夕張鉄道ハ23　上のハ60、ハ22と同じ履歴をもつもと神中鉄道ハ23。屋根を焼損して丸屋根形で復旧された。　鹿ノ谷機関区

夕張鉄道ナハ52　もと国鉄ナハフ24507（大正13年梅鉢鉄工所製）を昭和25年に国鉄より譲受けた。　鹿ノ谷機関区

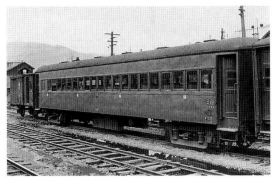

夕張鉄道ナハ150　昭和12年日本車輌東京支店製の半鋼製客車。全長は18400ミリで夕張鉄道独特の形態である。　鹿ノ谷機関区

夕張鉄道ナハ53　もと国鉄ナハ23879（昭和2年汽車会社製）を昭和25年に国鉄より譲受けた。国鉄最後の木造客車。　鹿ノ谷機関区

ハ4500形などと似た形態である。せっかくの液体変速機だがこれ1輛では総括制御もできず、キハ200形との連結運転にはやはり各車に機関士が乗務している。

　気動車は何れも茶色にクリームの塗分けで正面は坂田式塗り分けである。列車は通常3輛組成で内2輛が気動車。付随車としてナハ100形1輛かナハ150形2輛がやはり塗分けられて使用される。栗山－野幌間はディーゼル動車1輛を切りはなして2輛編成だそうだ。

　客車は気動車出現で全く閑な存在となってしまった。
　ハ20形、20～23　大正14年汽車会社製（23のみ大正

15年製）の二軸客車、写真を見れば気がつかれる方も多いと思うが、神中鉄道（現・相模鉄道）のハ20形がその前身である。譲渡使用認可が昭和13年10月に下りている。原形は殆んど崩していないが、ただ23が屋根を焼損してシングルルーフに改造されている。

　ハ60形　60　同じく神中のフハ50形の51の後身で、ハ20形と一緒に譲渡されている。

　コトク1形　No.1　旧国鉄コロ5671とあるがさらにさかのぼると北海道炭礦鉄道生残りの古武士である。室内には工作道具などが持ちこまれていて、かつての

夕張鉄道コトク1　もと国鉄コロ5671（旧北海道炭砿鉄道、明治26年手宮工場製）で、大正15年に国鉄より譲受け、貴賓車として用いられた。この時点では使われなくなって久しく、工作室ないし物置となっていた。
　　　　　　　　　　　　　　　　　　　　　　　　　　　　　　　　　　　鹿ノ谷機関区

夕張鉄道コトク1のボギー台車　Harlan & Hollingsworth製のホイールベース4フィートの小型台車。　　　　　　　　　鹿ノ谷機関区

豪華さなどしのぶすべもない。明治26年5月手宮工場製で、夕鉄で譲渡認可使用は大正14年10月。同形にコハ2、10がつい最近まで残っていたが、今ではボディーだけが残されている。コハ1は北炭眞谷地礦専用線に現存の由。

　ホハフ10形　No.10　旧国鉄ホハフ2630　明治35年日本鉄道大宮工場製の魚腹台枠の車で、この日鉄標準ボギー客車は留萌鉄道でも見ることができた。払い下げ承認が昭和27年5月に下りている。

　ナハ50形　50〜53、50、51は夕鉄が、大正15年に梅

夕張鉄道ホハフ10　もと国鉄ホハフ2630（旧日本鉄道、明治36年大宮工場製）で、昭和27年に国鉄より譲受けた。日本鉄道の標準形客車で製造当時は1等寝台二等合造客車で売店付という優等客車であった。
　　　　　　　　　　　　　　　　　　　　　　　　　　　　　　　　　　　鹿ノ谷機関区

鉢鉄工所で造らせた中型基本形ボギー客車で、現車は相にく見られなかったが、竣功図ではd3.3.3.3.3.1dのナハ22000形と同様の窓配置となっている。昭和10年まではナハフであった。52、53は夫々旧国鉄ナハフ24507、ナハ23879でともに　昭和24年12月払い下げ承認。52は別にとりたてていうこともないが、53は国鉄木造客車の最後をかざる魚腹台枠の客車の一群で昭和2年汽車会社製の銘板が残っている。何れも室内は更新されていてバックシートなどもモケットが張ってあった。

ナハ100形　100　昭和4年日本車輛製。シングルルーフの半鋼製車で現車は見る機会がなかったが、竣功図ではd2.2.1.1.3.3.3dの窓配置。当初ナロハ100で昭和10年9月二等車廃止の際、現形式となった。気動車用の付随車となっている。

ナハ150形　150〜153　150、151は昭和12年日本車輛製で国鉄スハ32形あたりのイミテーションであるが、スハ32形と違って間柱の太さが全部一様である。152、153は昭和15年日本車輛東京支店製の増備車であって、この客車も気動車用の付随車として整備されている。

これだけ見てデータを写していると時刻ははや14：00時近くになったので本社を辞し、折から到着の気動車をカメラに収め、国鉄鹿ノ谷駅から、追分行374レに乗込む。D50形が牽機で貨車の後にナハニ15661＋オハ31207＋オハ3126＋オハ3125＋オハフ3094という混合列車編成で鋼体化客車がいないのは意外だった。14：10時発車。

そして…帰京

次駅の清水沢は三菱大夕張鉄道の接続駅だが、9600形のイミテーションである日立製作所製の4やホハ1、2、ナハ1といった客車が発車を待っていた。ホハ1、2は同形の木造車だが、窓配置1d3.3.3d1。ナハ1はオハ60形そっくりの鋼体化客車と思われる車であった。沼ノ沢では北炭眞谷地礦専用線が分岐している。8100形が2輌いると夕鉄の人から聞いたが、車窓からは何も見えなかった。紅葉山駅では登川行がD516（昭和11年、川崎重工業製）＋トム＋トラ＋ワフ＋ナハフ24738＋ワムという混合偏成で待機していた。

前日の雨で濁流と化した夕張川を列車は何度も渡ったのち、谷間を出て夕張川と別れると列車は広々とした勇払原野に入る。追分で室蘭本線216レに接続、17：54時苫小牧に到着、旧友と6年振りの再会をした。8月8日の南部鉄道から始めた私鉄めぐりもこれで一段落した。

■

8月21日は王子製紙の専用鉄道「山線」で苫小牧から支笏湖畔に行き、泊まる。翌22日8：00時札幌行の直通バスで札幌－千歳間の弾丸道路を飛ばす。この道路は北海道で最も完備した道路であって所謂軍用道路として昭和29年開通したばかりのものである。道路の凸凹もバスの振動も少なく、快適な気分を味って10：00時、早くも札幌市内の豊平に到着した。早速、定山渓鉄道の車庫を訪れた。当日の札幌は国体の初日で相当混雑している所へ石切山駅構内で架線が切断し、つい

三菱大夕張鉄道ホハ2＋ホハ1（右より）　もと国鉄ホハユニ3851、3850（明治43年旭川工場製）で昭和25年国鉄より譲受けた。譲受け時に鉄道同志社で木造のまま外側に鋼板を張って補強するとともに、窓や扉の位置などが大改造されて、原型は留めていない。
清水沢駅

定山渓鉄道8105　1897年Baldwin製の1C型軸配置のテンダー機。当時の北海道の私鉄にはよく見られ、定鉄は4輌を保有していた。8115が貸与で昭和22年に入線したのが最も早く、8105、8108が23年、8104が25年に購入された。当時は沿線の木材や豊羽鉱山の硫化鉄鉱の輸送がかなりあった。　豊平機関区

定山渓鉄道C121　昭和17年日本車輌製、国鉄C12形と同型の自社発注機。国鉄では小型機の代表であったが、運転整備重量50トンは定山渓鉄道では最大級の機関車であった。
豊平機関区

定山渓鉄道コロ1　もと国鉄フコロ5670（旧北海道炭礦鉄道、明治26年手宮工場製）。かつては貴賓車として使用され、戦後は小熊米雄氏によれば豊羽鉱山の従業員輸送に用いられていたが、当時はすでに使われていなかった。　　　　豊平機関区

定山渓鉄道ニフ60　もと木造の2軸客車で、定山渓温泉の旅館に電車に牽かれて生鮮食料品を輸送する荷物車に昭和17年に改造された。同様の目的の荷物車にニフ50があった。　　　　　　　　豊平機関区

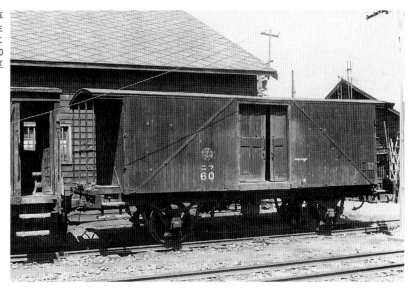

定山渓鉄道キ2　もと国鉄キ25で、大正3年札幌工場製という比較的古い国産の単線形ラッセル式雪掻き車。昭和27年購入。もちろん木造であった。ラッセル車はもう1輛キ1が保有されていた。　　豊平機関区

定山渓鉄道モハ801　昭和24年日本車輌東京支店製で運輸省規格型に属する戦後最初の新造電車。片側3個の客扉に示されるように、製造時の通勤、通学需要の増加が次第に大きなものになっていた。　豊平駅

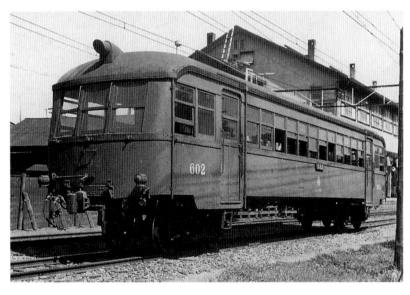

定山渓鉄道サハ602　もとガソリンカーで国鉄キハ40362（旧北海道鉄道、昭和11年日本車輌東京支店製）で、昭和25年に国鉄より譲受けた。同形車にサハ601（もと国鉄キハ40360）がある。のちに運転台を取り付けて制御電車に改造された。　豊平機関区

定山渓鉄道クハ501　吉野鉄道が大正13年に将来電車としての使用を考慮して川崎造船所で製作した木造の電車型客車ホハ13が前身である。昭和8年定鉄に譲渡され、制御車となったが、29年当時は一端を荷物室としていた（写真の左側）。　石切山駅

定山渓鉄道モハ104　昭和4年にこの鉄道が電化したときに増備された半鋼製電車で、同形4輌はすべて新潟鐵工所製であった。北海道最初の高速電車と
もいえる存在であるが、リベットの多い角ばった車体、一段下降窓に製造時のデザインの傾向を感じる。　　　　　　　　　　　　　　　　　　豊平機関区

定山渓鉄道クハ1111室内　昭和27年日本車輌東京支店製の転換式クロスシートの電車（表紙の8115の次位の電車）。座席にビニール製のカバーをかけて
いて、製造当初は二等車の扱いであったが、この時点では三等のみのモノクラスに戻り、座席指定車とされていた。　　　　　　　　　　　　豊平機関区

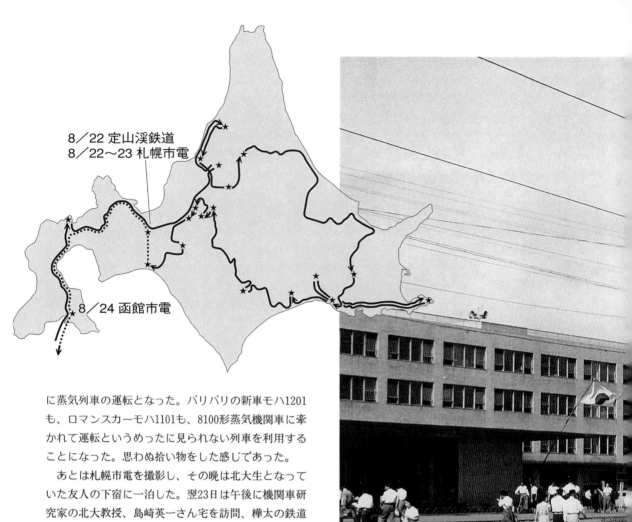

8／22 定山渓鉄道
8／22〜23 札幌市電

8／24 函館市電

に蒸気列車の運転となった。バリバリの新車モハ1201
も、ロマンスカーモハ1101も、8100形蒸気機関車に牽
かれて運転というめったに見られない列車を利用する
ことになった。思わぬ拾い物をした感じであった。

あとは札幌市電を撮影し、その晩は北大生となって
いた友人の下宿に一泊した。翌23日は午後に機関車研
究家の北大教授、島崎英一さん宅を訪問、樺太の鉄道
めぐりをされた時の写真などを見せていただいた。

札幌発19：52時の函館行夜行列車140レに乗車、翌8
月24日4：08時に森駅で下車、駒ヶ岳ルートの旧線を走
る列車にわざわざ乗りかえた。軍川行20レである。編
成はＣ12228〔五〕＋ナハフ24506＋スハニ6210という短
い列車であった。軍川駅で再び140レに乗換え函館到着
は7：40時であった。この日は午前中半日を函館市電の
撮影で過ごした。14：40時、青函連絡船4便で青森に
向かう。船は洞爺丸で19：20時青森着　20：40時の上
野行116レで東京に向かった。

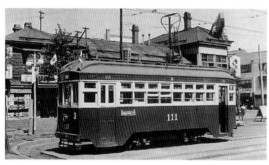

札幌市電111　昭和2年田中車輌製の木造2軸電車。木造車ながら2段
上昇窓を採用していて、半鋼製車への過渡期の設計である。　豊平駅前

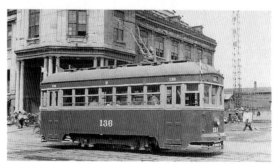

札幌市電136　9輌が製造された最初の半鋼製2軸電車で昭和6年日本
車輌製。
札幌駅前

札幌駅（左方）前を走る札幌市電563　昭和28年汽車会社東京支店製。車掌を中央扉のあたりに配置し、後部扉はない左右非対称、流線型的なデザインを採用した。札幌駅は3代目の駅舎で、昭和28年11月に第1期工事を完成したばかりであった。

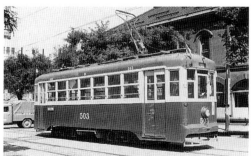

札幌市電503　昭和23年日本鉄道自動車製の札幌市電最初のボギー電車。全長10.5mでボギー車としては小振りであった。　札幌駅前

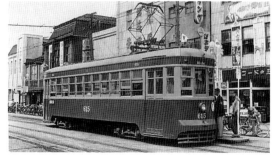

札幌市電615　昭和25年日本車輛製、札幌市電では2番目のボギー電車。この当時パンタグラフを取り付けていた少数の電車の1輛。　三越前

札幌市電122　昭和4年日本車輌製、最後の木造2軸電車であった。市南部の山鼻線の南16条付近となると、まだ未舗装で、開拓時代を思わせる家並みも見ることができた。

■札幌市電のこと

　札幌の路面電車は大正7年、札幌電気軌道によって最初の開業がなされ、昭和2年に市営化された。昭和29年当時の札幌市電は営業キロ23.2キロ、戦後は若干の支線の廃止はあったが、北方の鉄北線や南方の山鼻線方面に少しずつ路線を延長中であった。ボギー車の採用はやや遅く、昭和23年からで、以来、ボギー車の増備が行なわれていたが、まだまだ戦前製の2軸小型電車がたくさん走っていたし、そのなかには木造車も含まれていた。札幌駅前から南に伸びるメインストリート西4丁目通りの交通機関の主力も市電であった。

札幌市電554　昭和27年汽車会社東京支店製、初めて正面が2枚窓、左右非対称の配置を採用した形である。　　　　北一条市役所前付近

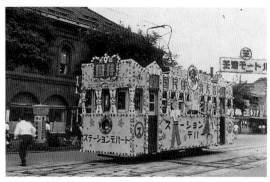

札幌市電の花電車　北海道各地で開催された国体をPRしたものだが、普通の2軸電車を飾りで覆ったものを運転していた。　　　道庁前

札幌市電573　昭和29年汽車会社東京支店製、この時点では最新の電車。正面2枚窓、左右非対称に加え正面窓に若干傾斜がつけられた。三越前

函館市電309（手前）と405（後方）　300形は昭和11年函館船渠製の半鋼製2軸車、400形はもと京王電気軌道の23形で、ともに第一線で広く運転されていた。函館駅前という繁華街で自動車を画面にまったく入れずに電車の写真が撮れたということは、今から見ると信じられないくらいである。

■函館市電のこと

　函館の路面電車は明治30年開業の亀函馬車鉄道（翌年函館馬車鉄道と改称）を前身とし、大正2年路面電車を開通させ(北海道最初の電車営業)、多くの合併と名称変更を経て昭和18年に市営化された。昭和29年当時の営業キロは17.0キロ、その後若干の路線廃止があったが、現在は10.9キロの路線を維持している。戦後に半鋼製の新車を大量に入れたが、昭和29年当時はまだ木造車や2軸型の小型電車が数多く在籍し、大正期の京王電気軌道の代表車400形や昭和11年製という比較的新しい2軸電車300形が活躍していた。

函館市電511　昭和23年日本車輌製、戦後最初の新造車。車体も大型化して中扉が設けられ、輸送需要の増加に応じていた。　　市役所前

函館市電401　大正13年日本車輌製。京王の木造ボギー車23形を昭和15年に6輛購入し、京王時代の原型がよく保たれていた。　　市役所前

函館市電602　昭和29年に登場した新車。正面傾斜、2枚窓、一体鋳鋼製台車やゴム縁固定の上段窓も新鮮さが感じられた。　　商工会議所前

あとがき

　残されていた半世紀前の北海道の私鉄をめぐる旅の紀行文的な記録、その資料となった現地での観察をメモした手帳、会社で竣功図や履歴簿を筆写したノート、撮影した合計14本のセミ版の写真（もちろんモノクロである）をいま取り出して見ると、半世紀の間に日本のローカル鉄道の世界に起こった大きな変化を感ずる。

　昭和29年当時には日本中いたるところに国鉄線から分岐して、幹線鉄道から離れた小都市や鉱山とを結ぶローカル私鉄が分布していて、北海道でも例外ではなかった。北海道ではとくに炭礦鉄道がその過半数を占めていた。また、そこにどんな車輌がいるのかという情報は、現地に行く以外に確かめようがなかったから、もちろん全体をカバーする体系的な情報などはまったくなかったのである。

　昭和29年当時にはたくさんあった炭礦鉄道はほとんど全部が炭礦もろともに消え去ってしまったが、昭和30年代から40年代初頭にかけては大規模なビルド鉱を

中心に盛業が続いた。しかし、今では釧路臨港鉄道の後身であり、営業キロ数も大幅に減らした太平洋石炭販売を残すだけである。親会社の太平洋炭礦自身がすでに採炭をやめていて、開発途上国向けに採炭技術保持のための機能を持つに過ぎないから、そのための石炭輸送用の鉄道はもはや存在意義がなくなっている。炭礦鉄道以外では、地方小都市周辺の農山漁村などにも若干の鉄道があった。産業的な基盤がないわけではなかったが、旅客、貨物とも、輸送量は少なく、マイカーの普及時代を待たずに、バスとの競争に敗れて比較的早くに消えてしまった。本書に収録された寿都鉄道、士別軌道、根室拓殖鉄道、十勝鉄道など比較的あとまで残っていたグループである。

　旭川電気軌道や定山渓鉄道は旭川と札幌の郊外電車であった。もっとも都市の郊外といっても当時の沿線はほとんどが田園地帯であり、旅客輸送密度では当時としては中程度のレベルを維持していた。だが、昭和40年代中葉までにすべて廃止されてしまった。

　結局、現在は札幌と函館の路面電車と当時はまだな

かった地下鉄、それに国鉄の特定地方交通線から転換され、安定した経営は今後も望めない旧池北線の北海道ちほく高原鉄道が残るだけとなった。

昭和29年は日本が高度経済成長期に本格的に突入する直前であった。この時代の人々の生活の上で、住んでいる地域からはなれて移動する機会「モビリティ」が急速に増大した。より大きな都市に買い物や遊びに出たり、高校への進学率が高まって通学の交通需要が増えていった。だから昭和30年代に入ると、1日3〜5往復というのんびりとした列車本数が当たり前であった北海道のローカル線においても、混合列車の客貨分離が始まり、旅客列車のスピードアップと本数の増加が著しく進んだのである。その意味で昭和29年の記録は古きローカル私鉄時代の最後の姿を映したものであったといえる。

19日間という長旅、それも毎日鉄道三昧の旅であったにもかかわらず、撮影された写真の枚数は全部で二百数十コマであった。今から思えばずいぶん少ない。もっと撮っておけばよかったと悔やむことしきりなの

であるが、フィルムが今よりも相対的に高価であり、学生の身分で資金の余裕がなかったこともあって、対象を選択して撮影していたのである。同型の車輌はどれか1輌しか撮影しなかったのもそのためであったし（同型といってもどこか違うのが当時の車輌の常態だったのだが）、16枚撮りのブローニー半裁のフィルムを間隔をつめて19枚分撮影するという非常識なこともやった。

昭和30年代と40年代前半は、鉄道研究においてローカル私鉄の調査研究が急速に進んだ時代でもあった。私自身もそれについては多少の貢献をしたと思っているが、北海道の私鉄も小熊米雄さんを中心とするグループの人々によって、その車輌変遷史が徹底的に明らかにされ、完成論文の形式で『鉄道ピクトリアル』誌の「私鉄車両めぐり」別冊シリーズを中心に次々と発表された。今頃昭和29年当時の車輌観察の断片的な記録を持ち出すのも気恥ずかしいくらいである。この別冊シリーズは昭和35年から44年までに第1分冊から第10分冊までの合計10冊が刊行されたが、実は『鉄道ピ

函館港内に錨泊する青函連絡船、第8青函丸（手前）と日高丸（後方）
両船とも貨車専門の航送船で、日高丸は約1ヵ月後の洞爺丸台風で沈没する運命にあった。　　　　　　　　　　「洞爺丸」船上より撮影

クトリアル』誌編集部の委嘱を受けて、その編集に当ったのは私であった。執筆者の人選をし、執筆の依頼をするとともに、北海道の私鉄だけでなく、全国のローカル私鉄に関わる私自身のフィールドサーベイの結果や収集した公式記録を必要に応じて執筆者に提示し、論文の正確性向上に努力した。だからこれらの論文には私の車輌写真がたくさん掲載されているし（本書掲載の写真も多数使われた）、論文内容についても私の収集した資料によった部分がたくさんある。

なお、この旅のなかで私が乗った国鉄線の列車については、列車編成を手帳のメモに残っている限り、機関車と客車の番号を記述した。当時の国鉄ローカル線の列車編成と使用車輌の事例として、断片的な記録ながら残しておきたいと思ったからである。

また、この記録は実質的に夕張鉄道の調査で終わっている。実は最後にも書いたように、札幌の郊外電鉄であった定山渓鉄道も調査をしているのだが、どうしたわけか紀行文の草稿では省略されている。いまさら追加するのも余り意味はないと思い、あえてそのまま

とした。札幌市電や函館市電は調査なして写真を撮っただけなので省いたのであろう。根室拓殖鉄道については、いったんこの方式の紀行文で草稿が書かれたのだが、『鉄道ピクトリアル』誌61号（昭和31年8月号）に「根室拓殖鉄道」の表題で発表したときに、原草稿が大幅に書き直された。今回は残存していた草稿にあえて戻した上で補訂を加えた。全体にわたって、推敲の不十分な草稿である上、現在の読者にはわかりにくい省略形や説明不足の部分がたくさんあったために、かなりの補訂を加えざるを得なかった。

今も続いている私の全国的なローカル私鉄調査（といってもついに行かずに終わった鉄道もたくさんあるのだが）の最初のきっかけがこの北海道旅行だった。その意味でも、半世紀前のこのささやかな記録をまとめた形で世に出すことができたのは大変うれしい。このような機会を与えてくださった『Rail Magazine』誌の編集長名取紀之さん、編集部の高橋一嘉さんには深く感謝する次第である。　　（平成16年3月14日記）

青木栄一（東京学芸大学名誉教授）

青森に向かう青函連絡船「洞爺丸」の短艇（最上）甲板　4本の煙突や大きな通風筒が印象的である1ヵ月後に日本史上最大の海難事故の悲劇に遭遇するとは知る由もなかった。